ŒUVRES COMPLÈTES

DE

M. EUGÈNE SUE.

LES MYSTÈRES DE PARIS.

Ouvrages nouveaux de M. Eugène Sue,

QUI SE TROUVENT A LA MÊME LIBRAIRIE.

LATRÉAUMONT, 2 vol. in-8º.
ARTHUR, 4 vol. in-8º.
DELEYTAR, 2 vol. in-8º.
LE MARQUIS DE LÉTORIÈRE, 1 vol. in-8º.
JEAN CAVALIER, ou LES FANATIQUES DES CÉVENNES, 4 vol. in-8º.
DEUX HISTOIRES : HERCULE-HARDI ET LE COLONEL SURVILLE, 1772 — 1810, 2 vol. in-8º.
LE COMMANDEUR DE MALTE, histoire maritime du temps de Louis XIII, 2 vol. in-8º.
MATHILDE, MÉMOIRES D'UNE JEUNE FEMME, 6 vol. in-8º.
LE MORNE-AU-DIABLE, 2 volumes in-8º.
THÉRÈSE DUNOYER, 2 volumes in-8º.
LES MYSTÈRES DE PARIS, parties I à IV. 4 vol. in-8º.
PAULA MONTI ou L'HÔTEL LAMBERT, 2 vol. in-8º.

Ouvrages de M. Eugène Sue

FAISANT PARTIE DE LA BIBLIOTHÈQUE D'ÉLITE.

LA SALAMANDRE, 1 vol. in-18, papier jésus vélin.
PLICK ET PLOCK, Nouvelles maritimes, 1 vol. in-18, papier jésus vélin.
ATAR GULL, Nouvelles maritimes, 1 vol. in-18, papier jésus vélin.
ARTHUR, 2 vol. in-18, papier jésus vélin.
LA COUCARATCHA, 2 vol. in-18, papier jésus vélin.
LA VIGIE DE KOAT-VEN, 2 vol. in-18, papier jésus vélin.

Paris. Imprimé par Béthune et Plon.

LES
MYSTÈRES
DE PARIS.

Par EUGÈNE SUE,
AUTEUR DE MATHILDE.

TROISIÈME SÉRIE,
ET QUATRIÈME SÉRIE, CHAP. I A IV.

PARIS.
LIBRAIRIE DE CHARLES GOSSELIN,
Éditeur de la Bibliothèque d'Élite.
30, RUE JACOB.
MDCCCXLII.

LES MYSTÈRES DE PARIS.

TROISIÈME PARTIE.

CHAPITRE PREMIER.

IDYLLE.

Cinq heures sonnaient à l'église du petit village de Bouqueval; le froid était vif, le ciel clair; le soleil, s'abaissant lentement derrière les grands bois effeuillés qui couronnent les hauteurs d'Écouen, empourprait l'horizon, et jetait ses rayons pâles et obliques sur les vastes plaines durcies par la gelée.

Aux champs, chaque saison offre presque toujours des aspects charmants.

Tantôt la neige éblouissante change la campagne en d'immenses paysages d'albâtre qui déploient leurs splendeurs immaculées sur un ciel d'un gris rose.

Alors, quelquefois à la brune, gravissant la colline ou descendant la vallée, le fermier attardé rentre au logis : cheval, manteau, chapeau, tout est couvert de neige; âpre est la froidure, glaciale est la bise, sombre est la nuit qui s'avance; mais là-bas, là-bas, au milieu des arbres dépouillés, les petites fenêtres de la ferme sont gaiement éclairées; sa haute cheminée de briques jette au ciel une épaisse colonne de fumée qui dit au métayer qu'on attend : foyer pétillant, souper rustique; puis après, veillée babillarde, nuit paisible et chaude, pendant que le vent siffle au dehors et que les chiens des métairies éparses dans la plaine aboient et se répondent au loin.

Tantôt, dès le matin, le givre suspend aux arbres ses girandoles de cristal que le soleil d'hiver fait scintiller de l'éclat diamanté du prisme; la terre de labour humide et grasse est creusée de longs sillons où gîte le lièvre fauve, où courent allègrement les perdrix grises.

Çà et là on entend le tintement mélancolique de la clochette du *maître-bélier* d'un grand troupeau de moutons répandu sur les pentes vertes et gazonnées des chemins creux; pendant que, bien enveloppé de sa mante grise à raies noires, le berger, assis au pied d'un arbre, chante en tressant un panier de joncs.

Quelquefois la scène s'anime : l'écho renvoie les sons affaiblis du cor et les cris de la meute; un daim effaré franchit tout à coup la lisière de la forêt, débouche dans la plaine en fuyant d'effroi, et va se perdre à l'horizon au milieu d'autres taillis.

Les trompes, les aboiements se rapprochent; des chiens blancs et orangés sortent à leur tour de la futaie; ils courent sur la terre brune, ils courent sur les guérets en friche; le nez collé à la voie, ils suivent, en criant, les traces du daim. A leur suite viennent les chasseurs vêtus de rouge, courbés sur l'encolure de leurs chevaux rapides; ils animent la meute à cors et à cris! Ce tourbillon éclatant passe comme la foudre; le bruit s'amoindrit, peu à peu tout se tait, chiens, chevaux, chasseurs disparaissent au loin dans le bois où s'est réfugié le daim.

Alors le calme renaît, alors le profond silence des grandes plaines, la tranquillité des grands horizons ne sont plus interrompus que par le chant monotone du berger.

. . . .

Ces tableaux, ces sites champêtres abondaient aux environs du village de Bouqueval, situé, malgré sa proximité de Paris, dans une sorte de désert auquel on ne pouvait arriver que par des chemins de traverse.

Cachée pendant l'été au milieu des arbres, comme un nid dans le feuillage, la ferme où était retirée la Goualeuse apparaissait alors tout entière et sans voile de verdure.

Le cours de la petite rivière, glacée par le froid, ressemblait à un long ruban d'argent mat déroulé au milieu des prés toujours verts, à travers lesquels de belles vaches paissaient lentement en regagnant leur étable. Ramenés par les approches du soir, des volées de pigeons s'abattaient successivement sur le faîte aigu du colombier; les noyers immenses qui, pendant l'été, ombrageaient la cour et les bâtiments de la ferme, alors dépouillés de leurs feuilles, laissaient voir les toits de tuiles et de chaume veloutés de mousse couleur d'émeraude.

Une lourde charrette, traînée par trois chevaux vigoureux, trapus, à crinière épaisse, à robe lustrée, aux colliers bleus garnis de grelots et de houppes de laine rouge, rapportait des gerbes de blé provenant d'une des meules de la plaine. Cette pesante voiture arrivait dans la cour par la porte charretière, tandis qu'un nombreux troupeau de moutons se pressait à l'une des entrées latérales.

Bêtes et gens semblaient impatients d'échapper à la froidure de la nuit et de goûter les douceurs du repos; les chevaux hennirent joyeusement à la vue de l'écurie, les moutons bêlèrent en assiégeant la porte des chaudes bergeries, les laboureurs jetèrent un coup d'œil affamé à travers les fenêtres de la cuisine du rez-de-chaussée, où l'on préparait un souper pantagruélique.

Il régnait dans cette ferme un ordre rare,

extrême, une propreté minutieuse, inaccoutumée.

Au lieu d'être couverts de boue sèche, çà et là épars et exposés aux intempéries des saisons, les herses, charrues, rouleaux et autres instruments aratoires, dont quelques-uns étaient d'invention toute nouvelle, s'alignaient, propres et peints, sous un vaste hangar où les charretiers venaient aussi ranger avec symétrie les harnais de leurs chevaux; vaste, nette, bien plantée, la cour sablée n'offrait pas à la vue ces monceaux de fumier, ces flaques d'eau croupissante qui déparent les plus belles exploitations de la Beauce ou de la Brie; la basse-cour, entourée d'un treillage vert, renfermait et recevait toute la gent emplumée qui rentrait le soir par une petite porte s'ouvrant sur les champs.

Sans nous appesantir sur de plus grands détails, nous dirons qu'en toutes choses cette ferme passait à bon droit dans le pays pour une ferme-*modèle*, autant par l'ordre qu'on y avait établi et l'excellence de son agriculture et de ses récoltes, que par le bonheur et la moralité du nombreux personnel qui faisait valoir ces terres.

Nous dirons tout à l'heure la cause de cette supériorité si prospère; en attendant, nous conduirons le lecteur à la porte treillagée de la basse-cour, qui ne le cédait en rien à la ferme par l'élégance champêtre de ses juchoirs, de ses poulaillers et de son petit canal encaissé de pierres de roche où coulait incessamment une eau vive et limpide, alors soigneusement débarrassée des glaçons qui pouvaient l'obstruer.

Une espèce de révolution se fit tout à coup parmi les habitants ailés de cette basse-cour : les poules quittèrent leurs perchoirs en caquetant, les dindons gloussèrent, les pintades glapirent, les pigeons abandonnèrent le toit du colombier et s'abattirent sur le sable en roucoulant.

L'arrivée de Fleur-de-Marie causait toutes ces folles gaietés.

Greuze ou Watteau n'auraient jamais rêvé un aussi charmant modèle, si les joues de la pauvre Goualeuse eussent été plus rondes et plus vermeilles; pourtant, malgré sa pâleur, malgré l'ovale amaigri de sa figure, l'expression de ses traits, l'ensemble de sa personne, la grâce de son attitude eussent encore été dignes d'exercer les pinceaux des grands peintres que nous avons nommés.

Le petit bonnet rond de Fleur-de-Marie découvrait son front et son bandeau de cheveux blonds ; comme presque toutes les paysannes des environs de Paris, par-dessus ce bonnet dont on voyait toujours le fond et les barbes, elle portait posé à plat, et attaché derrière sa tête avec deux épingles, un large mouchoir d'indienne rouge dont les bouts flottants retombaient carrément sur ses épaules ; coiffure pittoresque et gracieuse, que la Suisse et l'Italie devraient nous envier.

Un fichu de batiste blanche, croisé sur son sein, était à demi caché par le haut et large bavolet de son tablier de toile bise ; un corsage en gros drap bleu à manches justes dessinait sa taille fine, et tranchait sur son épaisse jupe de futaine grise rayée de brun ; des bas bien blancs et des souliers à cothurnes cachés dans de petits sabots noirs, garnis sur le cou-de-pied d'un carré de peau d'agneau, complétaient ce costume d'une simplicité rustique, auquel le charme naturel de Fleur-de-Marie donnait une grâce extrême.

Tenant d'une main son tablier relevé par les deux coins, elle y puisait des poignées de grain qu'elle distribuait à la foule ailée dont elle était entourée.

Un joli pigeon d'une blancheur argentée, au bec et aux pieds de pourpre, plus audacieux et plus familier que ses compagnons, après avoir voltigé quelque temps autour de Fleur-de-Marie, s'abattit enfin sur son épaule.

La jeune fille, sans doute accoutumée à ces façons cavalières, ne discontinua pas de jeter son grain à pleines mains; mais tournant à demi son doux visage d'un profil enchanteur, elle leva un peu la tête et tendit en souriant ses lèvres roses au petit bec rose de son ami.

Les derniers rayons du soleil couchant jetaient un reflet d'or pâle sur ce tableau naïf.

CHAPITRE II.

INQUIÉTUDES.

Pendant que la Goualeuse s'occupait de ces soins champêtres, madame Georges et l'abbé Laporte, curé de Bouqueval, assis au coin du feu, dans le petit salon de la ferme, parlaient de Fleur-de-Marie, sujet d'entretien toujours intéressant pour eux.

Le vieux curé pensif, recueilli, la tête basse et les coudes appuyés sur ses genoux, étendait machinalement devant le foyer ses deux mains tremblantes.

Madame Georges, occupée d'un travail de couture, regardait l'abbé de temps à autre et paraissait attendre qu'il lui répondît.

Après un moment de silence :

— Vous avez raison, madame Georges, il

faudra prévenir M. Rodolphe; s'il interroge Marie, elle lui est si reconnaissante, qu'elle avouera peut-être à son bienfaiteur ce qu'elle nous cache...

— N'est-il pas vrai, monsieur le curé? alors ce soir même j'écrirai à l'adresse qu'il m'a donnée, allée des Veuves...

— Pauvre enfant! — reprit l'abbé; — elle devrait se trouver si heureuse... Quel chagrin peut donc la miner à cette heure?...

— Rien ne la peut distraire de cette tristesse, monsieur le curé... pas même l'application qu'elle met à l'étude...

— Elle a véritablement fait des progrès extraordinaires depuis le peu de temps que nous nous occupons de son éducation.

— N'est-ce pas, monsieur l'abbé? Apprendre à lire et à écrire presque couramment, et savoir assez compter pour m'aider à tenir les livres de la ferme! Et puis cette chère petite me seconde si activement en toutes choses, que j'en suis à la fois touchée et émerveillée... Ne s'est-elle pas, presque malgré moi, fatiguée de manière à m'inquiéter sur sa santé?

— Heureusement ce médecin nègre nous

a rassurés sur les suites de cette toux légère qui nous effrayait.

— Il est si bon, ce M. David! il s'intéressait tant à elle! mon Dieu, comme tous ceux qui la connaissent... Ici chacun la chérit et la respecte. Cela n'est pas étonnant, puisque, grâce aux vues généreuses et élevées de M. Rodolphe, les gens de cette métairie sont l'élite des meilleurs sujets du pays... Mais les êtres les plus grossiers, les plus indifférents, ressentiraient l'attrait de cette douceur à la fois angélique et craintive qui a toujours l'air de demander grâce... Malheureuse enfant! comme si elle était seule coupable!

L'abbé reprit, après quelques minutes de réflexion :

— Ne m'avez-vous pas dit que la tristesse de Marie datait pour ainsi dire du séjour que madame Dubreuil, la fermière de M. le duc de Lucenay à Arnouville, avait fait ici, lors des fêtes de la Toussaint?

— Oui, monsieur le curé, j'ai cru le remarquer; et pourtant madame Dubreuil, et surtout sa fille Clara, modèle de candeur et de bonté, ont subi comme tout le monde le charme de Marie ; toutes deux l'accablent journellement de marques d'amitié; vous le savez, le dimanche nos amis d'Arnouville viennent ici, ou bien nous allons chez eux. Eh bien! l'on dirait que chaque visite augmente la mélancolie de notre chère enfant, quoique Clara l'aime déjà comme une sœur.

— En vérité, madame Georges, c'est un mystère étrange... Quelle peut être la cause de ce chagrin caché? Elle devrait se trouver si heureuse! Entre sa vie présente et sa vie passée il y a la différence de l'enfer au paradis... On ne saurait l'accuser d'ingratitude...

— Elle! grand Dieu!... elle... si tendrement reconnaissante de nos soins! elle chez qui nous avons toujours trouvé des instincts d'une si rare délicatesse! Cette pauvre petite ne fait-elle pas tout ce qu'elle peut afin de gagner pour ainsi dire sa vie? ne tâche-t-elle pas de compenser par les services qu'elle rend l'hospitalité qu'on lui donne? Ce n'est pas tout; excepté le dimanche, où j'exige qu'elle s'habille avec un peu de recherche pour m'accompagner à l'église, elle a voulu porter des vêtements aussi grossiers que ceux des filles de campagne. Et malgré cela il existe en elle une distinction, une grâce si naturelles, qu'elle est encore charmante sous ces habits, n'est-ce pas, monsieur le curé?

— Ah! que je reconnais bien là l'orgueil maternel! — dit le vieux prêtre en souriant.

A ces mots, les yeux de madame Georges se remplirent de larmes : elle pensait à son fils.

L'abbé devina la cause de son émotion et lui dit :

— Courage ! Dieu vous a envoyé cette pauvre enfant pour vous aider à attendre le moment où vous retrouverez votre fils. Et puis un lien sacré vous attachera bientôt à Marie : une marraine, lorsqu'elle comprend bien sa mission, c'est presque une mère. Quant à M. Rodolphe, il lui a donné, pour ainsi dire, la vie de l'âme en la retirant de l'abîme... d'avance il a rempli ses devoirs de parrain.

— La trouvez-vous suffisamment instruite pour lui accorder ce sacrement, que l'infortunée n'a sans doute pas encore reçu?

— Tout à l'heure, en m'en retournant avec

elle au presbytère, je la préviendrai que cette cérémonie se fera probablement dans quinze jours.

— Peut-être, monsieur le curé, présiderez-vous un jour une autre cérémonie, aussi bien douce et bien grave...

— Que voulez-vous dire?

— Si Marie était aimée autant qu'elle le mérite, si elle distinguait un brave et honnête homme, pourquoi ne se marierait-elle pas?

L'abbé secoua tristement la tête, et répondit :

— La marier! Songez-y donc, madame Georges, la vérité ordonnera de *tout dire* à celui qui voudrait épouser Marie... et quel homme, malgré ma caution et la vôtre, affronterait le passé qui a souillé la jeunesse de cette malheureuse enfant! Personne ne voudra d'elle.

— Mais M. Rodolphe est si généreux! il fera pour sa protégée plus qu'il n'a fait encore.... Une dot...

— Hélas! — dit le curé en interrompant madame Georges — malheur à Marie, si la cupidité doit seule apaiser les scrupules de celui qui l'épousera! Elle serait vouée au sort le plus pénible; de cruelles récriminations suivraient bientôt une telle union.

— Vous avez raison, monsieur l'abbé, cela serait horrible. Ah! quel malheureux avenir lui est donc réservé!

— Elle a de grandes fautes à expier — dit gravement le curé.

— Mon Dieu! monsieur l'abbé, abandonnée si jeune, sans ressources, sans appui, presque sans notions du bien et du mal, entraînée malgré elle dans la voie du vice, comment n'aurait-elle pas failli?

— Le bon sens moral aurait dû la soutenir, l'éclairer; et d'ailleurs a-t-elle tâché d'échapper à cet horrible sort? Les âmes charitables sont-elles donc si rares à Paris?

— Non, sans doute; mais où les aller chercher? Avant que d'en découvrir une, que de refus, que d'indifférence! Et puis pour Marie il ne s'agissait pas d'une aumône passagère, mais d'un intérêt continu qui l'eût mise à même de gagner honorablement sa vie... Bien des mères sans doute auraient eu pitié d'elle; mais il fallait avoir le bonheur de les rencontrer. Ah! croyez-moi, j'ai connu la misère... A moins d'un hasard providentiel semblable à celui qui, hélas! trop tard, a fait connaître Marie à M. Rodolphe; à moins, dis-je, d'un de ces hasards, les malheureux, presque toujours brutalement repoussés à leurs premières demandes, croient la pitié introuvable, et, pressés par la faim... la faim si impérieuse, ils cherchent souvent dans le vice des ressources qu'ils désespèrent d'obtenir de la commisération.

A ce moment la Goualeuse entra dans le salon.

— D'où venez-vous, mon enfant? — lui demanda madame Georges avec intérêt.

— De visiter le fruitier, madame, après avoir fermé les portes de la basse-cour. Les fruits sont très-bien conservés, sauf quelques-uns que j'ai ôtés.

— Pourquoi n'avez-vous pas dit à Claudine de faire cette besogne, Marie? Vous vous serez encore fatiguée.

— Non, non, madame, je me plais tant dans mon fruitier, cette bonne odeur de fruits mûrs est si douce!

— Il faudra, monsieur le curé, que vous visitiez un jour le fruitier de Marie — dit madame Georges. — Vous ne vous figurez pas avec quel goût elle l'a arrangé : des guirlandes de raisin séparent chaque espèce de fruits, et ceux-ci sont encore divisés en compartiments par des bordures de mousse.

— Oh ! monsieur le curé, je suis sûre que vous serez content — dit ingénument la Goualeuse. — Vous verrez comme la mousse fait un joli effet autour des pommes bien rouges ou des belles poires couleur d'or. Il y a surtout des pommes d'api qui sont si gentilles, qui ont de si charmantes couleurs roses et blanches, qu'elles ont l'air de petites têtes de chérubins dans un nid de mousse verte — ajouta la jeune fille avec l'exaltation de l'*artiste* pour son œuvre.

Le curé regarda madame Georges en souriant et dit à Fleur-de-Marie :

— J'ai déjà admiré la laiterie que vous dirigez, mon enfant; elle ferait l'envie de la ménagère la plus difficile; un de ces jours j'irai aussi admirer votre fruitier, et ces belles pommes rouges, et ces belles poires couleur d'or, et surtout ces jolies petites pommes-chérubins dans leur lit de mousse. Mais voici le soleil tout à l'heure couché; vous n'aurez que le temps de me conduire au presbytère et de revenir ici avant la nuit... Prenez votre mante et partons, mon enfant... Mais au fait, j'y songe..., le froid est bien vif; restez, quelqu'un de la ferme m'accompagnera.

— Ah! monsieur le curé, vous la rendriez malheureuse.— dit madame Georges — elle est si contente de vous reconduire ainsi chaque soir!

— Monsieur le curé — ajouta la Goualeuse en levant sur le prêtre ses grands yeux bleus et timides — je croirais que vous n'êtes pas content de moi si vous ne me permettiez pas de vous accompagner comme d'habitude.

— Moi? pauvre enfant... prenez donc vite, vite, votre mante alors, et enveloppez-vous bien.

Fleur-de-Marie se hâta de jeter sur ses épaules une sorte de pelisse à capuchon en grosse étoffe de laine blanchâtre bordée d'un ruban de velours noir, et offrit son bras au curé.

— Heureusement — dit celui-ci — qu'il n'y a pas loin et que la route est sûre...

— Comme il est un peu plus tard aujourd'hui que les autres jours — reprit madame Georges — voulez-vous que quelqu'un de la ferme aille avec vous, Marie ?

— On me prendrait pour une peureuse... — dit Marie en souriant. — Merci, madame, ne dérangez personne pour moi ; il n'y a pas un quart d'heure de chemin d'ici au presbytère... je serai de retour avant la nuit...

— Je n'insiste pas, car jamais, Dieu merci ! on n'a entendu parler de vagabonds dans ce pays.

— Sans cela, je n'accepterais pas le bras de cette chère enfant — dit le curé — quoiqu'il me soit d'un grand secours.

Bientôt l'abbé quitta la ferme, appuyé sur le bras de Fleur-de-Marie, qui réglait son pas léger sur la marche lente et pénible du vieillard.

. . . .

Quelques minutes après, le prêtre et la Goualeuse arrivèrent auprès du chemin creux où étaient embusqués le Maître d'école, la Chouette et Tortillard.

CHAPITRE III.

L'EMBUSCADE.

L'église et le presbytère de Bouqueval s'élevaient à mi-côte au milieu d'une châtaigneraie, d'où l'on dominait le village.

Fleur-de-Marie et l'abbé gagnèrent un sentier sinueux qui conduisait à la maison curiale, en traversant le chemin creux dont cette colline était diagonalement coupée.

La Chouette, le Maître d'école et Tortillard, tapis dans une des anfractuosités de ce chemin, virent le prêtre et Fleur-de-Marie descendre dans la ravine et en sortir par une pente escarpée. Les traits de la jeune fille étant cachés sous le capuchon de sa mante, la borgnesse ne reconnut pas son ancienne victime.

— Silence, mon homme!—dit la vieille au Maître d'école — la *gosseline* (1) et le *sanglier* (2) viennent de passer la *traviole* (3); c'est bien elle d'après le signalement que nous a donné le grand homme en deuil : tenue campagnarde, taille moyenne, jupe rayée de brun, mante de laine à bordure noire. Elle reconduit comme ça tous les jours le *sanglier* à sa cassine, et elle revient toute seule. Quand elle va repasser tout à l'heure, là, au bout du chemin, il faudra tomber dessus et l'enlever pour la porter dans la voiture.

— Et si elle crie au secours? — reprit le Maître d'école — on l'entendra de la ferme, puisque vous dites que l'on en voit les bâtiments près d'ici; car vous voyez... vous autres — ajouta-t-il d'une voix sourde.

— Bien sûr que d'ici on voit les bâtiments tout proche — dit Tortillard. — Il y a un instant, j'ai grimpé au haut du talus en me traînant sur le ventre... J'ai entendu un charretier

---

(1) La jeune fille.
(2) Le prêtre.
(3) Le chemin creux.

qui parlait à ses chevaux dans cette cour là-bas...

— Alors voilà ce qu'il faut faire — reprit le Maître d'école après un moment de silence : — Tortillard va se mettre au guet à l'entrée du sentier. Quand il verra la petite revenir de loin, il ira au-devant d'elle en criant qu'il est fils d'une pauvre vieille femme qui s'est blessée en tombant dans le chemin creux, et il suppliera la jeune fille de venir à son secours.

— J'y suis, fourline. La pauvre vieille, ça sera ta Chouette. Bien *sorbonné* (1). Mon homme, tu es toujours le roi des *têtards* (2)! Et après, qu'est-ce que je ferai?

— Tu t'enfonceras bien avant dans le chemin creux du côté où attend Barbillon avec le fiacre... Je me cacherai tout près. Quand Tortillard t'aura amené la petite au milieu de la ravine, cesse de geindre et saute dessus, une main autour de son *colas* (3) et l'autre dans sa *bavarde* pour lui *arquepincer* le *chiffon rouge* (4) et l'empêcher de crier...

(1) Bien raisonné.
(2) Les hommes de tête.
(3) Du cou.
(4) L'autre dans la bouche, pour lui prendre la langue.

—Connu, fourline... comme pour la femme du canal Saint-Martin, quand nous l'avons fait *flotter* après lui avoir *grinchi la négresse* (1) qu'elle portait sous le bras; même jeu, n'est-ce pas?

—Oui, toujours du même... Pendant que tu tiendras ferme la petite, Tortillard accourra me chercher; à nous trois, nous *embaluchonnons* la jeune fille dans mon manteau; nous la portons à la voiture de Barbillon, et de là plaine Saint-Denis, où l'homme en deuil nous attend.

—C'est ça qui est *enflaqué!* Tiens, vois-tu, fourline, tu n'as pas ton pareil. Si j'avais de quoi, je te tirerais un feu d'artifice sur ta boule; et je t'illuminerais en verres de couleur à la saint Charlot, patron du *béquillard* (2). Entends-tu ça, toi, moutard? si tu veux devenir *passé-singe* (3), dévisage mon gros têtard; voilà un homme!...—dit orgueilleusement la Chouette à Tortillard.

(1) Que nous l'avons noyée après lui avoir enlevé une caisse entourée de toile cirée noire (ces sortes de paquets s'appellent en argot des négresses).
(2) Du bourreau.
(3) Criminel habile.

Puis, s'adressant au Maître d'école :

— A propos, tu ne sais pas : Barbillon a une peur de chien d'*avoir une fièvre cérébrale* (1).

— Pourquoi ça ?

— Il a *buté* (2), il y a quelque temps, dans une dispute, le mari d'une laitière qui venait tous les matins de la campagne, dans une petite charrette conduite par un âne, vendre du lait dans la Cité, au coin de la rue de la Vieille-Draperie, proche chez l'ogresse du *Lapin-Blanc*.

Le fils de Bras-Rouge, ne comprenant pas l'argot, écoutait la Chouette avec une sorte de curiosité désappointée.

— Tu voudrais bien savoir ce que nous disons-là, hein ! moutard ?

— Dame ! c'est sûr...

— Si tu es gentil, je t'apprendrai l'argot. Tu as bientôt l'âge où ça peut servir. Seras-tu content, fifi ?

— Oh ! je crois bien ! Et puis j'aimerais mieux rester avec vous qu'avec mon vieux fi-

(1) D'être sous le coup d'une accusation capitale.
(2) Tué.

lou de charlatan, à piler ses drogues et à brosser son cheval. Si je savais où il cache sa *mort-aux-rats pour les hommes*, je lui en mettrais dans sa soupe, pour n'être plus forcé de trimer avec lui.

La Chouette se prit à rire, et dit à Tortillard en l'attirant à elle :

— Venez tout de suite baiser maman, loulou... es-tu drôle!... Mais comment sais-tu qu'il a de la mort-aux-rats pour les hommes, ton maître?

— Tiens! je lui ai entendu dire ça, un jour que j'étais caché dans le cabinet noir de sa chambre où il met ses bouteilles, ses machines d'acier, et où il tripote dans ses petits pots...

— Tu l'as entendu quoi dire?.. — demanda la Chouette.

— Je l'ai entendu dire à un monsieur, en lui donnant une poudre dans un papier : « Quelqu'un qui prendrait ça en trois fois irait dormir sous terre... sans qu'on sache ni pourquoi ni comment, et sans qu'il reste aucune trace... »

— Et qui était ce monsieur? — demanda le Maître d'école.

— Un beau jeune monsieur, qui avait des moustaches noires et une jolie figure comme une dame... Il est revenu une autre fois; mais cette fois-là, quand il est parti, je l'ai suivi par ordre de M. Bradamanti pour savoir où il irait *percher*. Ce joli monsieur, il est entré rue de Chaillot, dans une belle maison. Mon maître m'avait dit : « N'importe où ce monsieur ira, suis-le et attends-le à la porte; s'il ressort, *resuis*-le jusqu'à ce qu'il ne ressorte plus de l'endroit où il sera entré, ça prouvera qu'il demeure dans ce dernier lieu; alors, Tortillard, mon garçon, tortille-toi pour savoir son nom... ou sinon moi je te tortillerai les oreilles d'une drôle de manière. »

— Eh bien?

— Eh bien! je m'ai tortillé et j'ai su le nom... du joli monsieur.

— Et comment as-tu fait? — demanda le Maître d'école.

— Tiens... moi pas bête, j'ai entré chez le portier de la maison de la rue de Chaillot, d'où ce monsieur ne ressortait pas; un portier poudré avec un bel habit brun à collet jaune galonné d'argent... Je lui ai dit comme ça : — « Mon bon monsieur, je viens pour chercher cent sous que le maître d'ici m'a promis pour avoir retrouvé son chien que je lui ai rendu, une petite bête noire qui s'appelle *Trompette:* à preuve que ce monsieur, qui est brun, qui a des moustaches noires, une redingote blanchâtre et un pantalon bleu-clair, m'a dit qu'il demeurait rue de Chaillot, n° 11, et qu'il se nommait Dupont. — Le monsieur dont tu parles est mon maître, et s'appelle M. le vicomte de Saint-Remy ; il n'y a pas d'autre chien ici que que toi-même, méchant gamin ; ainsi file, ou je t'étrille, pour t'apprendre à vouloir me filouter cent sous, » — me répond le portier en ajoutant à ça un grand coup de pied... C'est égal — reprit philosophiquement Tortillard — je savais le nom du joli monsieur à moustaches noires, qui venait chez mon maître chercher de la mort-aux-rats pour les hommes ; il s'appelle le vicomte de Saint-Remy, my, my, Saint-Remy — ajouta le fils de Bras-Rouge en fredonnant ces derniers mots, selon son habitude.

— Tu veux donc que je te mange, petit momacque? — dit la Chouette en embrassant Tortillard; — est-il finaud! Tiens, tu mériterais que je serais ta mère, scélérat!

Ces mots firent une singulière impression sur le petit boiteux; sa physionomie méchante, narquoise et rusée devint subitement triste; il parut prendre au sérieux les démonstrations maternelles de la Chouette et répondit :

— Et moi, je vous aime bien aussi, parce que vous m'avez embrassé le premier jour où vous êtes venue me chercher au *Cœur-Saignant*, chez mon père... Depuis défunt maman il n'y a que vous qui m'avez caressé; tout le monde me bat ou me chasse comme un chien galeux; tout le monde, jusqu'à la mère Pipelet, la portière.

— Vieille loque! je lui conseille de faire la dégoûtée — dit la Chouette en prenant un air révolté dont Tortillard fut dupe; — repousser un amour d'enfant comme celui-là!..

Et la borgnesse embrassa de nouveau Tortillard avec une affectation grotesque.

Le fils de Bras-Rouge, profondément touché de cette nouvelle preuve d'affection, y répondit avec expansion, et s'écria dans sa reconnaissance :

— Vous n'avez qu'à ordonner, vous verrez comme je vous obéirai bien... comme je vous servirai !...

— Vrai? Eh bien! tu ne t'en repentiras pas...

— Oh! je voudrais rester avec vous!

— Si tu es sage, nous verrons ça; tu ne nous quitteras pas nous deux, mon homme.

— Oui — dit le Maître d'école — tu me conduiras comme un pauvre aveugle, tu diras que tu es mon fils, nous nous introduirons dans les maisons; et, mille massacres! — ajouta le meurtrier avec colère — la Chouette aidant, nous ferons encore de bons coups; je montrerai à ce démon de Rodolphe... qui m'a aveuglé, que je ne suis pas au bout de mon rouleau !... Il m'a ôté la vue, mais il ne m'a pas ôté la pensée du mal; je serai la tête, Tortillard les yeux et toi la main, la Chouette; tu m'aideras, hein?

— Est-ce que je ne suis pas à toi à corde et à potence, fourline? Est-ce que quand, en sortant de l'hôpital, j'ai appris que tu m'avais fait demander chez l'ogresse par ce *sinve* (1) de Saint-Mandé, j'ai pas couru tout de suite à ton village, chez ces colasses de paysans, en disant que j'étais ta *largue* (2)?

Ces mots de la borgnesse rappelèrent un mauvais souvenir au Maître d'école. Changeant brusquement de ton et de langage avec la Chouette, il s'écria d'une voix courroucée :

— Oui, je m'ennuyais, moi, tout seul avec ces honnêtes gens; au bout d'un mois je n'y pouvais plus tenir... j'avais peur... Alors j'ai eu l'idée de te faire dire de venir me trouver. Et bien m'en a pris! — ajouta-t-il d'un ton de plus en plus irrité — le lendemain de ton arrivée, j'étais dépouillé du reste de l'argent que ce démon de l'allée des Veuves m'avait donné. Oui... on m'a volé ma ceinture pleine d'or pendant mon sommeil... Toi seule tu as pu faire le coup : voilà pourquoi je suis maintenant à ta merci... Tiens, toutes les fois que je pense à ça, je ne sais pourquoi je ne te tue pas sur la place... vieille voleuse!!

(1) Homme naïf, simple.
(2) Ta femme.

Et il fit un pas dans la direction de la borgnesse.

— Prenez garde à vous, si vous faites mal à la Chouette! — s'écria Tortillard.

— Je vous écraserai tous les deux, toi et elle, méchantes vipères que vous êtes! — s'écria le brigand avec rage. Et entendant le fils de Bras-Rouge parler auprès de lui, il lui lança au hasard un si furieux coup de poing, qu'il l'aurait assommé s'il l'eût atteint.

Tortillard, autant pour se venger que pour venger la Chouette, ramassa une pierre, visa le Maître d'école, et l'atteignit au front.

Le coup ne fut pas dangereux, mais la douleur fut vive.

Le brigand se leva furieux, terrible comme un taureau blessé; il fit quelques pas en avant et au hasard; mais il trébucha.

— Casse-cou!!! — cria la Chouette en riant aux larmes.

Malgré les liens sanglants qui l'attachaient à ce monstre, elle voyait, pour plusieurs raisons, et avec une sorte de joie féroce, l'anéantissement de cet homme jadis si redoutable et si vain de sa force athlétique.

La borgnesse justifiait ainsi à sa manière cette effrayante pensée de La Rochefoucauld : que « nous trouvons toujours quelque chose de satisfaisant dans le malheur de nos meilleurs amis. »

Le hideux enfant aux cheveux jaunes et à la figure de fouine partageait l'hilarité de la borgnesse. A un nouveau faux pas du Maître d'école il s'écria :

— Ouvre donc l'œil, mon vieux, ouvre donc!... Tu vas de travers, tu festonnes... Est-ce que tu n'y vois pas clair?... Essuie donc mieux les verres de tes lunettes!

Dans l'impossibilité d'atteindre l'enfant, le meurtrier herculéen s'arrêta, frappa du pied avec rage, mit ses deux énormes poings velus sur ses yeux et poussa un rugissement rauque comme un tigre muselé.

— Tu tousses, vieux! — dit le fils de Bras-Rouge. — Tiens, voilà de la fameuse réglisse; c'est un gendarme qui me l'a donnée, faut pas que ça t'en dégoûte!

Et il ramassa une poignée de sable fin qu'il jeta au visage de l'assassin.

Fouetté à la figure par cette pluie de gravier, le Maître d'école souffrit plus cruellement de cette nouvelle insulte que du coup de pierre; blêmissant sous ses cicatrices livides, il étendit brusquement ses deux bras en croix par un mouvement de désespoir inexprimable, et, levant vers le ciel sa face épouvantable, il s'écria d'une voix profondément suppliante :

— Mon Dieu! mon Dieu! mon Dieu!

De la part d'un homme souillé de tous les crimes, et devant qui naguère tremblaient les plus déterminés scélérats, cet appel involontaire à la commisération divine avait quelque chose de providentiel.

— Ah! ah! ah! fourline qui fait les grands bras — s'écria la Chouette en ricanant. — La langue te tourne, mon homme; c'est le *boulanger* (1) qu'il faut appeler à ton secours.

— Mais un couteau au moins, que je me tue!... un couteau!!! puisque tout le monde m'abandonne...— cria le misérable en se mordant les poings avec une furie sauvage.

(1) Le diable.

—Un couteau?... tu en as un dans ta poche, fourline, et qui a le fil... Le petit vieux de la rue du Roule et le marchand de bœufs ont dû aller dire de bonnes nouvelles aux taupes...

Le Maître d'école, ainsi *mis en demeure* de s'exécuter, changea de conversation, et reprit d'une voix sourde et lâche :

—Le Chourineur était bon, lui... il ne m'a pas volé, il a eu pitié de moi.

—Pourquoi m'as-tu dit que j'avais *grinchi* ton *orient* (1)?—reprit la Chouette en contenant à peine son envie de rire.

— Toi seule tu es entrée dans ma chambre —dit le brigand ;—on m'a volé la nuit de ton arrivée; qui veux-tu que je soupçonne? Ces paysans étaient incapables de cela...

—Pourquoi donc qu'ils ne grinchiraient pas comme d'autres, les paysans? parce qu'ils boivent du lait et qu'ils vont à l'herbe pour leurs lapins?

—Enfin on m'a volé, toujours...

—Est-ce que c'est la faute de ta Chouette? Ah çà..., voyons, penses-y donc ! Est-ce que,

(1) Volé ton or.

si j'avais effarouché ta ceinture, je serais restée avec toi après le coup? Es-tu bête! Bien sûr que je te l'aurais rincé, ton argent, si je l'avais pu; mais foi de Chouette, tu m'aurais revue quand l'argent aurait été mangé, parce que tu me plais tout de même avec tes yeux blancs... brigand!... Voyons, sois donc gentil, ne t'ébrèche pas comme ça tes quenottes en les grinçant.

— On croirait qu'il casse des noix! — dit Tortillard.

— Ah! ah! ah! il a raison, le môme... Voyons, calme-toi, mon homme, et laisse-le rire, c'est de son âge!... Mais avoue que t'es pas juste: quand le grand homme en deuil, qui a l'air d'un croque-mort, m'a dit: « Il y a mille francs pour vous si vous enlevez une jeune fille qui est dans la ferme de Bouqueval, et si vous me l'amenez à un endroit de la plaine Saint-Denis que je vous indiquerai, » réponds, fourline, est-ce que je ne t'ai pas tout de suite proposé d'être du coup, au lieu de choisir quelqu'un qui aurait vu clair? C'est donc comme qui dirait l'aumône que je te fais... Car, excepté pour tenir la petite pendant que nous l'embaluchonnerons avec Tortillard, tu me serviras comme une cinquième roue à un omnibus. Mais, c'est égal, à part que je t'aurais volé si j'avais pu, j'aime à te faire du bien... Je veux que tu doives tout à ta Chouette chérie; c'est mon genre, à moi!!! Nous donnerons deux cents *balles* à Barbillon pour avoir conduit la voiture et être venu ici une fois avec un domestique du grand monsieur en deuil, reconnaître l'endroit où il fallait nous cacher pour attendre la petite... et il nous restera huit cents *balles* à nous deux pour nocer... Qu'est-ce que tu dis de ça? Eh bien, es-tu encore fâché contre ta vieille?

— Qui m'assure que tu me donneras quelque chose... une fois le coup fait? — dit le brigand avec une sombre défiance.

— Je pourrais ne te rien donner du tout, c'est vrai; car tu es dans dans ma poêle, mon homme, comme autrefois la Goualeuse... Faut donc te laisser frire à mon idée, en attendant qu'à son tour le *boulanger* t'enfourne, eh! eh! eh!... Eh bien! fourline, est-ce que tu boudes toujours ta Chouette?, — ajouta la borgnesse en frappant sur l'épaule du brigand qui restait muet et accablé.

— Tu as raison — dit-il avec un soupir de rage concentrée ; — c'est mon sort... Moi... moi... à la merci d'un enfant et d'une femme qu'autrefois j'aurais tués d'un souffle! Oh! si je n'avais pas si peur de la mort! — dit-il en retombant assis sur le talus.

— Es-tu poltron maintenant!... es-tu poltron! — dit la Chouette avec mépris. — Parle donc tout de suite de ta *muette* (1), ça sera plus farce. Tiens, si tu n'as pas plus de courage que ça, je prends de l'air et je te lâche.

— Et ne pouvoir me venger de cet homme qui, en me martyrisant ainsi, m'a mis dans l'affreuse position où je me trouve! et dont je ne sortirai jamais! — s'écria le Maître d'école dans un redoublement de rage. — Oh! j'ai bien peur de la mort, oui... j'en ai bien peur...; mais on me dirait : On va te le donner entre tes deux bras, cet homme... entre tes deux bras... puis après on vous jettera tous deux dans un abîme; je dirais : Qu'on m'y jette... oui..., car je serais bien sûr de ne pas le lâcher

(1) De ta conscience.

avant d'arriver au fond avec lui..., et pendant que nous roulerions tous les deux, je le mordrais au visage, à la gorge, au cœur, je le tuerais avec mes dents, enfin!... je serais jaloux d'un couteau !

— A la bonne heure, fourline, voilà comme je t'aime... Sois calme... Nous le retrouverons, va, ce gueux de Rodolphe... et le Chourineur aussi... En sortant de l'hôpital, j'ai été rôder allée des Veuves..., tout était fermé... Mais j'ai dit au grand monsieur en deuil : — « Dans le temps, vous vouliez nous payer pour faire quelque chose à ce monstre de M. Rodolphe ; est-ce qu'après l'affaire de la jeune fille que nous attendons il n'y aurait pas à monter un coup contre lui ? — *Peut-être...* » m'a-t-il répondu. Entends-tu, fourline ? *Peut-être...* Courage ! mon homme, nous en mangerons, du Rodolphe, c'est moi qui te le dis, nous en mangerons !

— Bien vrai... tu ne m'abandonneras pas ? — dit le brigand à la Chouette d'un ton soumis, mais défiant. — Maintenant, si tu m'abandonnais... qu'est-ce que je deviendrais ?...

— Ça, c'est vrai... Dis donc, fourline...,

quelle farce si nous deux Tortillard nous nous *esbignions* avec la voiture, et que nous te laissions là... au milieu des champs... par cette nuit où le froid va pincer dur...—C'est ça qui serait drôle, hein, brigand?

A cette menace, le Maître d'école frémit; il se rapprocha de la Chouette et lui dit en tremblant:

—Non, non, tu ne feras pas ça, la Chouette... ni toi non plus, Tortillard, ça serait trop méchant...

—Ah! ah! ah! trop méchant... est-il simple!... Et le petit vieux de la rue du Roule! et le marchand de bœufs! et la femme du canal Saint-Martin! et le monsieur de l'allée des Veuves! est-ce que tu crois qu'ils t'ont trouvé caressant... avec ton grand couteau? Pourquoi donc qu'à ton tour on ne te ferait pas de farces?

—Eh bien! je l'avoue...—dit sourdement le Maître d'école;—voyons... j'ai eu tort de te soupçonner, j'ai eu tort aussi de vouloir battre Tortillard; je t'en demande pardon, entends-tu... et à toi aussi, Tortillard... oui, je vous demande pardon à tous deux.

—Moi, je veux qu'il demande pardon à genoux d'avoir voulu battre la Chouette — dit Tortillard.

—Gueux de momacque!... est-il amusant!... — dit la Chouette en riant ; il me donne pourtant envie de voir quelle frimousse tu feras comme ça... mon homme ! Allons, à genoux, comme si tu *jaspinais* d'amour à ta Chouette... dépêche-toi, ou nous te lâchons, et je t'en préviens, dans une demi-heure il fera nuit.

—Nuit ou jour, qu'est-ce que ça lui fait ? — dit Tortillard en goguenardant.—Ce monsieur garde toujours ses volets fermés ; il a peur de gâter son teint.

—Me voici à genoux... Je te demande pardon, la Chouette, et à toi aussi, Tortillard... Eh bien ! êtes-vous contents ? — dit le brigand en s'agenouillant au milieu du chemin. —Maintenant vous ne m'abandonnerez pas, dites ?

Ce groupe étrange, encadré dans les talus du ravin, éclairé par les lueurs rougeâtres du crépuscule, était hideux à voir.

Au milieu du chemin, le Maître d'école, suppliant, étendait vers la borgnesse ses mains puissantes; sa rude et épaisse chevelure retombait comme une crinière sur son front livide; ses paupières rouges, démesurément écartées par la frayeur, laissaient alors voir la moitié de sa prunelle immobile, terne, vitreuse, morte... le regard d'un cadavre.

Ses formidables épaules se courbaient humblement. Cet hercule s'agenouillait tremblant aux pieds d'une vieille femme et d'un enfant.

La borgnesse, enveloppée d'un châle de tartan rouge, la tête couverte d'un vieux bonnet de tulle noir qui laissait échapper quelques mèches de cheveux gris, dominait le Maître d'école de toute sa hauteur. Le visage osseux, tanné, ridé, plombé, de cette vieille au nez crochu, exprimait une joie insultante et féroce; son œil fauve étincelait comme un charbon ardent; un rictus sinistre retroussait ses lèvres ombragées de longs poils, et montrait trois ou quatre grandes dents jaunes et déchaussées.

Tortillard, vêtu de sa blouse à ceinture de cuir, debout sur un pied, s'appuyait au bras de la Chouette pour se maintenir en équilibre.

La figure maladive et rusée de cet enfant, au teint aussi blafard que ses cheveux, exprimait en ce moment une méchanceté railleuse et diabolique.

L'ombre projetée par l'escarpement du ravin redoublait l'horreur de cette scène, que l'obscurité croissante voilait à demi.

— Mais promettez-moi donc au moins de ne pas m'abandonner! — répéta le Maître d'école effrayé du silence de la Chouette et de Tortillard, qui jouissaient de son effroi.—Est-ce que vous n'êtes plus là?—ajouta le meurtrier en se penchant pour écouter et avançant machinalement les bras.

— Si, si, mon homme, nous sommes là; n'aie pas peur... t'abandonner! plutôt *baiser la camarde* (1)! Une fois pour toutes il faut que je te rassure et que je te dise pourquoi je ne t'abandonnerai jamais... Écoute-moi bien. J'ai toujours adoré avoir quelqu'un à qui faire sentir mes ongles... bête ou gens... Avant la Pégriotte (que le boulanger me la renvoie! car j'ai toujours mon idée... de la débarbouiller avec du vitriol), avant la Pégriotte, j'avais un

(1) Mourir.

môme qui *s'est refroidi* (1) à la peine; c'est pour cela que j'ai été *au clou* (2) six ans; pendant ce temps-là je faisais la misère à des oiseaux, je les apprivoisais pour les plumer tout vifs.... mais je ne faisais pas mes frais, ils ne duraient rien; en sortant de prison, la Goualeuse est tombée sous ma griffe, mais la petite gueuse s'est sauvée pendant qu'il y avait encore de quoi s'amuser sur sa peau; après j'ai eu un chien qui a pâti autant qu'elle; j'ai fini par lui couper une patte de derrière et une patte de devant : ça lui faisait une si drôle de dégaîne que j'en riais, mais que j'en riais à crever!

— Il faudra que je fasse ça à un chien que je connais, et qui m'a mordu — se dit Tortillard.

— Quand je t'ai rencontré, mon homme — continua la Chouette — j'étais en train d'abîmer un chat... Eh bien! à cette heure, c'est toi qui seras mon chat, mon chien, mon oiseau, ma Pégriotte; tu seras..... ma *bête de souffrance* enfin..... Comprends-tu, mon

(1) Est mort.
(2) En prison.

homme ? au lieu d'un oiseau ou d'un enfant à tourmenter, comme qui dirait un loup ou un tigre, c'est ça qui est un peu chenu, hein?

— Vieille furie ! — s'écria le Maître d'école en se relevant de rage.

— Allons, voilà encore que tu boudes ta vieille!.. Eh bien! quitte-la, tu es le maître. Je ne te prends pas en traître.

— Oui, la porte est ouverte, file *sans yeux*, et toujours tout droit ! — dit Tortillard en éclatant de rire.

— Oh! mourir!... mourir!... — cria le Maître d'école en se tordant les bras.

— Tu rabâches, mon homme, tu as déjà dit ça. Toi mourir! tu blagues; tu es solide comme le Pont-Neuf; laisse donc, tu vivras pour le bonheur de ta Chouette. Je te ferai de la misère de temps en temps, parce que c'est ma jouissance, et qu'il faudra que tu gagnes le pain que je te donnerai; mais si tu es gentil, tu m'aideras dans de bons coups, comme aujourd'hui, et dans d'autres meilleurs où tu pourras servir; tu seras ma bête, enfin ! Quand je te dirai : Apporte, tu apporteras; Mords, tu mordras. Après ça, dis donc, mon homme, je ne veux pas te prendre de force, au moins; si, au lieu de la vie que je te propose, t'aimes mieux avoir des rentes, rouler carrosse avec une jolie petite femme, être décoré de la croix d'honneur, être nommé *grand curieux* (1), et y voir clair au lieu d'être aveugle, faut pas te gêner; c'est facile, t'as qu'à le dire, on te servira ça tout chaud... N'est-ce pas, Tortillard?

— Tout chaud, tout bouillant, tout de suite! — répondit le fils de Bras-Rouge en ricanant. Mais, se penchant tout à coup vers la terre, il dit à voix basse :

— J'entends marcher dans le sentier, cachons-nous... Ça n'est pas la jeune fille, car on vient par le même côté où elle est venue.

En effet, une paysanne robuste, dans la force de l'âge, suivie d'un gros chien de ferme, et portant sur sa tête un panier couvert, parut au bout de quelques minutes, traversa le ravin et prit le sentier que suivaient le prêtre et la Goualeuse.

Nous rejoindrons ces deux personnages, et nous laisserons les trois complices embusqués dans le chemin creux.

(1) Grand juge.

CHAPITRE IV.

LE PRESBYTÈRE.

Les dernières lueurs du soleil s'éteignaient lentement derrière la masse imposante du château d'Ecouen et des bois qui l'environnaient ; de tous côtés s'étendaient à perte de vue des plaines immenses aux sillons bruns, durcis par la gelée... vaste solitude dont le hameau de Bouqueval semblait l'oasis.

Le ciel, d'une sérénité parfaite, se marbrait au couchant de longues traînées de pourpre, signe certain de vent et de froid ; ces tons, d'abord d'un rouge vif, devenaient violets à mesure que le crépuscule envahissait l'atmosphère.

Le croissant de la lune, fin, délié comme

la moitié d'un anneau d'argent, commençait à briller doucement dans un milieu d'azur et d'ombre.

Le silence était absolu, l'heure solennelle.

Le curé s'arrêta un moment sur la colline, pour jouir de l'aspect de cette belle soirée.

Après quelques moments de recueillement, étendant sa main tremblante vers les profondeurs de l'horizon à demi voilé par la brune du soir, il dit à Fleur-de-Marie, qui marchait pensive à côté de lui :

— Voyez donc, mon enfant, cette immensité dont on n'aperçoit plus les bornes... on n'entend pas le moindre bruit... il me semble que le silence et l'infini nous donnent presque une idée de l'éternité.... Je vous dis cela, Marie, parce que vous êtes sensible aux beautés de la création. Souvent j'ai été touché de l'admiration religieuse qu'elles vous inspiraient, à vous... qui en avez été si long-temps déshéritée... N'êtes-vous pas frappée comme moi du calme imposant qui règne à cette heure !

La Goualeuse ne répondit rien.

Étonné, le curé la regarda ; elle pleurait.

— Qu'avez-vous donc, mon enfant ?

— Mon père, je suis bien malheureuse !

— Malheureuse ? Vous... maintenant malheureuse ?

— Je sais que je n'ai pas le droit de me plaindre de mon sort, après tout ce qu'on a fait pour moi... et pourtant...

— Et pourtant ?

— Ah ! mon père, pardonnez-moi ces chagrins ; ils offensent peut-être mes bienfaiteurs...

— Écoutez, Marie, nous vous avons souvent demandé le motif de la tristesse dont vous êtes quelquefois accablée et qui cause à votre seconde mère de vives inquiétudes... Vous avez évité de nous répondre ; nous avons respecté votre secret en nous affligeant de ne pouvoir soulager vos peines.

— Hélas ! mon père, je ne puis vous dire ce qui se passe en moi. Ainsi que vous, tout à l'heure, je me suis sentie émue à l'aspect de cette soirée calme et triste... mon cœur s'est brisé... et j'ai pleuré...

— Mais qu'avez-vous, Marie ? Vous savez combien l'on vous aime... Voyons... avouez-moi tout. D'ailleurs, je puis vous dire cela ; le jour approche où madame Georges et M. Rodolphe vous présenteront aux fonts du baptême, en prenant devant Dieu l'engagement de vous protéger toujours.

— M. Rodolphe ? lui... qui m'a sauvée ! — s'écria Fleur-de-Marie en joignant les mains ; — il daignerait me donner cette nouvelle preuve d'affection ! Oh ! tenez, je ne vous cacherai rien, mon père, je crains trop d'être ingrate.

— Ingrate, et comment ?

— Pour me faire comprendre, il faut que je vous parle des premiers jours où je suis venue à la ferme.

— Je vous écoute ; nous causerons e marchant.

— Vous serez indulgent, n'est-ce pas, mon père ? Ce que je vais vous dire est peut-être bien mal.

— Le Seigneur vous a prouvé qu'il était miséricordieux. Prenez courage.

— Lorsque j'ai su, en arrivant ici, que je ne quitterais pas la ferme et madame Georges — dit Fleur-de-Marie après un moment de recueillement — j'ai cru faire un beau rêve. D'abord j'éprouvais comme un étourdissement de bonheur ; à chaque instant je songeais à M. Rodolphe. Bien souvent, toute seule et malgré moi, je levais les yeux au ciel comme pour l'y chercher et le remercier. Enfin... je m'en accuse, mon père... je pensais plus à lui qu'à Dieu; car il avait fait pour moi ce que Dieu seul aurait pu faire. J'étais heureuse... heureuse comme quelqu'un qui a échappé pour toujours à un grand danger. Vous et madame Georges, vous étiez si bons pour moi, que je me croyais plus à plaindre... qu'à blâmer.

Le curé regarda la Goualeuse avec surprise ; elle continua :

— Peu à peu je me suis habituée à cette vie si douce : je n'avais plus peur, en me réveillant, de me retrouver chez l'ogresse; je me sentais, pour ainsi dire, dormir avec sécurité; toute ma joie était d'aider madame Georges dans ses travaux, de m'appliquer aux leçons que vous me donniez, mon père... et aussi de profiter de vos exhortations. Sauf quelques moments de honte quand je songeais au passé, je me croyais l'égale de tout le monde, parce que tout le monde était bon pour moi, lorsqu'un jour...

Ici les sanglots interrompirent Fleur-de-Marie.

— Voyons, calmez-vous, pauvre enfant, courage! et continuez.

La Goualeuse, essuyant ses yeux, reprit:

— Vous vous souvenez, mon père, que, lors des fêtes de la Toussaint, madame Dubreuil, fermière de M. le duc de Lucenay, à Arnouville, est venue passer ici quelque temps avec sa fille...

— Sans doute, et je vous ai vue avec plaisir faire connaissance avec Clara Dubreuil; elle est douée des meilleures qualités.

— C'est un ange, mon père... un ange... Quand je sus qu'elle devait venir pendant quelques jours à la ferme, mon bonheur fût bien grand; je ne songeais qu'au moment où je verrais cette compagne si désirée. Enfin elle arriva. J'étais dans ma chambre; je devais la partager avec elle, je la parais de mon mieux; on m'envoya chercher. J'entrai dans le salon, mon cœur battait; madame Georges, me montrant cette jolie jeune personne, qui avait l'air aussi doux que modeste et bon, me dit : — « Marie, voilà une amie pour vous. — Et j'espère que vous et ma fille serez bientôt comme deux sœurs, » — ajouta madame Dubreuil. A peine sa mère avait-elle dit ces mots, que mademoiselle Clara accourut m'embrasser... Alors, mon père — dit Fleur-de-Marie en pleurant — je ne sais ce qui se passa tout à coup en moi... mais quand je sentis le visage pur et frais de Clara s'appuyer sur ma joue flétrie... ma joue est devenue brûlante de honte... de remords... je me suis souvenue de ce que j'étais... Moi !... moi recevoir les caresses d'une jeune personne si honnête !... Oh ! cela me semblait une tromperie... une hypocrisie indigne...

— Mais, mon enfant...

— Ah ! mon père — s'écria Fleur-de-Marie en interrompant le curé avec une exaltation douloureuse — lorsque M. Rodolphe m'a emmenée de la Cité, j'avais déjà vaguement la conscience de ma dégradation... Mais croyez-vous que l'éducation, que les conseils, que les exemples que j'ai reçus de madame Georges et de vous, en éclairant tout à coup mon esprit, ne m'aient pas, hélas! fait comprendre que j'avais été encore plus coupable que malheureuse?... Avant l'arrivée de mademoiselle Clara, lorsque ces pensées me tourmentaient, je m'étourdissais en tâchant de contenter madame Georges et vous, mon père... Si je rougissais du passé, c'était à mes propres yeux... Mais la vue de cette jeune personne de mon âge, si charmante, si vertueuse, m'a fait songer à la distance qui existerait à jamais entre elle et moi... Pour la première fois j'ai senti qu'il est des flétrissures que rien n'efface... Depuis ce jour, cette pensée ne me quitte plus. Malgré moi, je m'y appesantis sans cesse; depuis ce jour enfin, je n'ai plus un moment de repos...

La Goualeuse essuya ses yeux remplis de larmes.

Après l'avoir regardée pendant quelques instants avec une tendre commisération, le curé reprit:

—Réfléchissez donc, mon enfant, que si madame Georges voulait vous voir l'amie de mademoiselle Dubreuil, c'est qu'elle vous savait digne de cette liaison par votre bonne conduite. Les reproches que vous vous faites s'adressent presque à votre seconde mère.

— Je le sais, mon père, j'avais tort sans doute ; mais je ne pouvais surmonter ma honte et ma crainte... Ce n'est pas tout ; il me faut du courage pour achever.

— Continuez, Marie ; jusqu'ici vos scrupules, ou plutôt vos remords, prouvent en faveur de votre cœur.

— Une fois Clara établie à la ferme, je fus aussi triste que j'avais d'abord cru être heureuse en pensant au plaisir d'avoir une compagne de mon âge ; elle, au contraire, était toute joyeuse. On lui avait fait un lit dans ma chambre. Le premier soir, avant de se coucher, elle m'embrassa et me dit qu'elle m'aimait déjà, qu'elle se sentait beaucoup d'attrait pour moi ; elle me demanda de l'appeler Clara, comme elle m'appellerait Marie. Ensuite elle pria Dieu, en me disant qu'elle joindrait mon nom à ses prières si je voulais joindre son nom aux miennes. Je n'osai pas lui refuser cela. Après avoir encore causé quelque temps, elle s'endormit ; moi, je ne m'étais pas couchée; je m'approchai d'elle; je regardais en pleurant sa figure d'ange; et puis, en pensant qu'elle dormait dans la même chambre que moi... que moi, qu'on avait trouvée chez l'ogresse avec des voleurs et des assassins... je tremblais comme si j'avais commis une mauvaise action, j'avais de vagues frayeurs... Il me semblait que Dieu me punirait un jour... Je me couchai, j'eus des rêves affreux, je revis les figures sinistres que j'avais presque oubliées, le Chourineur, le Maître d'école, la Chouette, cette femme borgne qui m'avait torturée étant petite. Oh! quelle nuit!... mon Dieu! quelle nuit! quels rêves! — dit la Goualeuse en frémissant encore à ce souvenir.

— Pauvre Marie! — reprit le curé avec émotion; — que ne m'avez-vous fait plus tôt ces tristes confidences! je vous aurais rassurée... Mais continuez.

— Je m'étais endormie bien tard; mademoiselle Clara vint m'éveiller en m'embrassant. Pour vaincre ce qu'elle appelait ma froideur et me prouver son amitié, elle voulut me confier un secret : elle devait s'unir, lorsqu'elle aurait dix-huit ans accomplis, au fils d'un fermier de Goussainville, qu'elle aimait tendrement; le mariage était depuis longtemps arrêté entre les deux familles. Ensuite elle me raconta en peu de mots sa vie passée... vie simple, calme, heureuse : elle n'avait jamais quitté sa mère, elle ne la quitterait jamais; car son fiancé devait partager l'exploitation de la ferme avec M. Dubreuil. « Maintenant, Marie — me dit-elle — vous me connaissez comme si vous étiez ma sœur; racontez-moi donc votre vie... » A ces mots, je crus mourir de honte... je rougis, je balbutiai. J'ignorais ce que madame Georges avait dit de moi; je craignais de la démentir. Je répondis vaguement qu'orpheline et élevée par des personnes sévères, je n'avais pas été très-heureuse pendant mon enfance, et que mon bonheur datait de mon séjour auprès de madame Georges. Alors Clara, bien plus par intérêt que par curiosité, me demanda où j'avais été élevée : était-ce à la ville, ou à la campagne? comment se nommait mon père? Elle me demanda surtout si je me rappelais d'avoir vu ma mère. Chacune de ces questions m'embarrassait autant qu'elle me peinait; car il me fallait y répondre par des mensonges, et vous m'avez appris, mon père, combien il est mal de mentir... Mais Clara n'imagina pas que je pouvais la tromper. Attribuant l'hésitation de mes réponses au chagrin que me causaient les tristes souvenirs de mon enfance, Clara me crut, me plaignit avec une bonté qui me navra. O mon père! vous ne saurez jamais ce que j'ai souffert dans ce premier entretien! combien il me coûtait de ne pas dire une parole qui ne fût hypocrite et fausse!...

— Infortunée! que la colère de Dieu s'appesantisse sur ceux qui, en vous jetant dans une abominable voie de perdition, vous forceront peut-être de subir toute votre vie les inexorables conséquences d'une première faute!

— Oh! oui, ceux-là ont été bien méchants, mon père—reprit amèrement Fleur-de-Marie—car ma honte est ineffaçable. Ce n'est pas tout: à mesure que Clara me parlait du bonheur qui l'attendait, de son mariage, de sa douce vie de famille, je ne pouvais m'empêcher de comparer mon sort au sien; car, malgré les bontés dont on me comble, mon sort sera toujours misérable ; vous et madame Georges, en me faisant comprendre la vertu, vous m'avez fait aussi comprendre la profondeur de mon abjection passée ; rien ne pourra m'empêcher d'avoir été le rebut de ce qu'il y a de plus vil au monde. Hélas! puisque la connaissance du bien et du mal devait m'être si funeste, que ne me laissait-on à mon malheureux sort!

— Oh! Marie! Marie!...

— N'est-ce pas, mon père... ce que je dis est bien mal? Hélas! voilà ce que je n'osais vous avouer... Oui, quelquefois je suis assez ingrate pour méconnaître les bontés dont on me comble, pour me dire : Si l'on ne m'eût pas arrachée à l'infamie, eh bien! la misère, les coups m'eussent tuée bien vite; au moins je serais morte dans l'ignorance d'une pureté que je regretterai toujours.

— Hélas! Marie, cela est fatal! une nature, même généreusement douée par le Créateur, n'eût-elle été plongée qu'un jour dans la fange dont on vous a tirée, en garde un stigmate ineffaçable... Telle est l'immutabilité de la justice divine !

— Vous le voyez bien, mon père — s'écria douloureusement Fleur-de-Marie — je dois désespérer jusqu'à la mort !

— Vous devez désespérer d'effacer de votre vie cette page désolante — dit le prêtre d'une voix triste et grave — mais vous devez espérer en la miséricorde infinie du Tout-Puissant. Ici-bas, pour vous, pauvre enfant, larmes, remords, expiation ; mais un jour, là-haut — ajouta-t-il en élevant sa main vers le firmament qui commençait à s'étoiler — là-haut, pardon, félicité éternelle !

— Pitié... pitié, mon Dieu !... je suis si jeune... et ma vie sera peut-être encore si longue !... — dit la Goualeuse d'une voix déchirante, en tombant à genoux aux pieds du curé par un mouvement involontaire.

Le prêtre était debout au sommet de la colline, non loin de laquelle s'élevait le presbytère ; sa soutane noire, sa figure vénérable, encadrée de longs cheveux blancs et doucement éclairée par les dernières clartés du crépuscule, se dessinaient sur l'horizon, d'une transparence, d'une limpidité profonde; or pâle au couchant, saphir au zénith.

Le prêtre levait au ciel une de ses mains tremblantes, et abandonnait l'autre à Fleur-de-Marie, qui la couvrait de larmes.

Le capuchon de sa mante grise, à ce moment rabattu sur ses épaules, laissait voir le profil enchanteur de la jeune fille, son charmant regard suppliant et baigné de larmes... son cou d'une blancheur éblouissante, où se voyait l'attache soyeuse de ses jolis cheveux blonds.

Cette scène simple et grande offrait un contraste, une coïncidence bizarre avec l'ignoble scène qui, presque au même instant, se passait dans les profondeurs du chemin creux entre le Maître d'école et la Chouette.

Caché dans les ténèbres d'un noir ravin, assailli de lâches terreurs, un effroyable meurtrier, portant la peine de ses forfaits, s'était aussi agenouillé... mais devant sa complice, furie railleuse, vengeresse, qui le tourmentait sans merci et le poussait à de nouveaux crimes... sa complice... cause première des malheurs de Fleur-de-Marie.

De Fleur-de-Marie, que torturait un remords incessant.

L'exagération de sa douleur n'était-elle pas concevable ? Entourée depuis son enfance d'êtres dégradés, méchants, infâmes; quittant sa prison pour l'antre de l'ogresse, autre prison horrible; n'étant jamais sortie des cours de sa geôle ou des rues caverneuses de la Cité, cette malheureuse jeune fille n'avait-elle pas vécu jusqu'alors dans une ignorance profonde du beau et du bien, aussi étrangère aux sentiments nobles et religieux qu'aux splendeurs magnifiques de la nature?

Et voilà que tout à coup elle abandonne son cloaque infect pour une retraite charmante et rustique, sa vie immonde pour partager une existence heureuse et paisible avec les êtres les plus vertueux, les plus tendres, les plus compatissants à ses infortunes...

Enfin tout ce qu'il y a d'admirable dans la créature et dans la création se révèle à la fois et en un moment à son âme étonnée... A ce spectacle imposant, son esprit s'agrandit, son intelligence se développe, ses nobles instincts s'éveillent... Et c'est parce que son esprit s'est agrandi, parce que son intelligence s'est développée, parce que ses nobles instincts se sont éveillés... qu'ayant la conscience de sa dégradation première, elle ressent pour sa vie passée une douloureuse et incurable horreur, et comprend, hélas! ainsi qu'elle le dit : — qu'il est des souillures qui ne s'effacent jamais...

. . . .

— Oh! malheur à moi! — disait la Goualeuse désespérée : — ma vie tout entière, fût-elle aussi longue, aussi pure que la vôtre, mon père, sera désormais flétrie par la conscience et par le souvenir du passé... Malheur à moi!

— Bonheur pour vous, au contraire, Marie, bonheur pour vous à qui le Seigneur envoie ces remords pleins d'amertume ; mais salutaires! Ils prouvent la religieuse susceptibilité de votre âme!... tant d'autres, moins noblement douées que vous, eussent à votre place vite oublié le passé pour ne songer qu'à jouir de la félicité *présente!* Une âme délicate comme la vôtre rencontre des souffrances là où le vulgaire ne ressent aucune douleur! Mais chacune de ces souffrances vous sera comptée là-haut,

Croyez-moi, Dieu ne vous a laissée un moment dans la voie mauvaise que pour vous réserver la gloire du repentir et la récompense éternelle due à l'expiation! Ne l'a-t-il pas dit lui-même : « Ceux-là qui font le bien sans combat, et qui viennent à moi le sourire aux lèvres, ceux-là sont mes élus; mais ceux-là qui, blessés dans la lutte, viennent à moi saignants et meurtris, ceux-là sont les élus... d'entre mes élus.... » Courage donc, mon enfant!... soutien, appui, conseils, rien ne vous manquera... Je suis bien vieux... mais madame Georges, mais M. Rodolphe ont encore de longues années à vivre... M. Rodolphe surtout... qui vous témoigne tant d'intérêt... qui suit vos progrès avec une sollicitude si éclairée... dites, Marie, dites, pourriez-vous jamais regretter de l'avoir rencontré?

La Goualeuse allait répondre lorsqu'elle fut interrompue par la paysanne dont nous avons parlé, qui, suivant la même route que la jeune fille et l'abbé, venait de les rejoindre; c'était une des servantes de la ferme.

— Pardon, excuse, monsieur le curé — dit-elle au prêtre — mais madame Georges m'a dit d'apporter ce panier de fruits au presbytère, et qu'en même temps je ramènerais mademoiselle Marie, car il se fait tard; mais j'ai pris *Turc* avec moi — dit la fille de ferme en caressant un énorme chien des Pyrénées, qui eût défié un ours au combat. — Quoiqu'il n'y ait jamais de mauvaise rencontre dans le pays, c'est toujours plus prudent.

— Vous avez raison, Claudine ; nous voici d'ailleurs arrivés au presbytère : vous remercierez madame Georges pour moi.

Puis, s'adressant tout bas à la Goualeuse, le curé lui dit d'un ton grave :

— Il faut que je me rende demain à la conférence du diocèse; mais je serai de retour sur les cinq heures. Si vous le voulez, mon enfant, je vous attendrai au presbytère. Je vois, à l'état de votre esprit, que vous avez besoin de vous entretenir longuement encore avec moi.

— Je vous remercie, mon père — répondit Fleur-de-Marie; — demain je viendrai, puisque vous voulez bien me le permettre.

— Mais nous voici arrivés à la porte du jardin — dit le prêtre; — laissez ce panier là,

5.

Claudine; ma gouvernante le prendra. Retournez vite à la ferme avec Marie, car la nuit est presque venue, et le froid augmente. A demain, Marie, à cinq heures!

— A demain, mon père.

L'abbé rentra dans son jardin.

La Goualeuse et Claudine, suivies de *Turc*, reprirent le chemin de la métairie.

CHAPITRE V.

LA RENCONTRE.

La nuit était venue, claire et froide.

Suivant les avis du Maître d'école, la Chouette avait gagné avec ce brigand un endroit du chemin creux plus éloigné du sentier et plus rapproché du carrefour où Barbillon attendait avec le fiacre.

Tortillard, posté en vedette, guettait le retour de Fleur-de-Marie, qu'il devait attirer dans ce guet-apens en la suppliant de venir à son aide pour secourir une pauvre vieille femme.

Le fils de Bras-Rouge avait fait quelques pas en dehors du ravin pour aller à la découverte, lorsque, prêtant l'oreille, il entendit au loin la

Goualeuse parler à la paysanne qui l'accompagnait.

La Goualeuse n'étant plus seule, tout était manqué. Tortillard se hâta de redescendre dans le ravin et de courir avertir la Chouette.

— Il y a quelqu'un avec la jeune fille — dit-il d'une voix basse et essoufflée.

— Que le *béquilleur lui fauche le colas* (1) à cette petite gueuse! — s'écria la Chouette en fureur.

— Avec qui est-elle? — demanda le Maître d'école.

— Sans doute avec la paysanne qui tout à l'heure a passé dans le sentier, suivie d'un gros chien. J'ai reconnu la voix d'une femme — dit Tortillard; — tenez... entendez-vous... entendez-vous le bruit de leurs sabots?...

En effet, dans le silence de la nuit, les semelles de bois résonnaient au loin sur la terre durcie par la gelée.

— Elles sont deux... je peux me charger de la petite à la mante grise; mais l'autre! comment faire? Fourline n'y voit pas... et

(1) Que le bourreau lui coupe le cou.

Tortillard est trop faible pour *amortir* cette camarade, que le diable étrangle! Comment faire? — répéta la Chouette.

— Je ne suis pas fort; mais, si vous voulez, je me jetterai aux jambes de la paysanne qui a un chien, je m'y accrocherai des mains et des dents; je ne lâcherai pas, allez!... Pendant ce temps-là vous entraînerez bien la petite... vous, la Chouette.

— Et si elles crient, si elles regimbent, on les entendra de la ferme — reprit la borgnesse — et on aura le temps de venir à leur secours avant que nous ayons rejoint le fiacre de Barbillon... C'est pas déjà si commode à emporter une femme qui se débat!

— Et elles ont un gros chien avec elles! — dit Tortillard.

— Bah! bah! si ce n'était que ça, d'un coup de soulier je lui casserai la gargoine, à leur chien — dit la Chouette.

— Elles approchent — reprit Tortillard en prêtant de nouveau l'oreille au bruit des pas lointains — elles vont descendre dans le ravin.

— Mais parle donc, fourline — dit la Chouette au Maître d'école; — qu'est-ce que tu conseilles, gros têtard?... est-ce que tu deviens muet?

— Il n'y a rien à faire aujourd'hui — repondit le brigand.

— Et les mille francs du monsieur en deuil — s'écria la Chouette — ils seront donc flambés? Plus souvent!... Ton couteau! ton couteau! fourline... Je tuerai la camarade pour qu'elle ne nous gêne pas; quant à la petite, nous deux, Tortillard et moi, nous viendrons bien à bout de la bâillonner.

— Mais l'homme en deuil ne s'attend pas à ce que l'on tue quelqu'un...

— Eh bien! nous mettrons ce sang-là en *extrà* sur son mémoire; faudra bien qu'il nous le paye, puisqu'il sera notre complice.

— Les voilà!... Elles descendent — dit Tortillard à voix basse.

— Ton couteau, mon homme! — s'écria la Chouette aussi à voix basse.

— Oh! la Chouette... — s'écria Tortillard avec effroi en étendant ses mains vers la borgnesse — c'est trop fort... la tuer... oh! non, non!

— Ton couteau! je te dis... — répéta tout bas la Chouette, sans faire attention aux supplications de Tortillard et en se déchaussant à la hâte. — Je vas ôter mes souliers — ajouta-t-elle — pour les surprendre en marchant à pas de loup derrière elles; il fait déjà sombre; mais je reconnaîtrai bien la petite à sa mante, et je *refroidirai* (1) l'autre.

— Non! — dit le brigand — aujourd'hui c'est inutile; il sera toujours temps demain.

— Tu as peur, frileux! — dit la Chouette avec un mépris farouche...

— Je n'ai pas peur — répondit le Maître d'école; mais tu peux manquer ton coup et tout perdre.

Le chien qui accompagnait la paysanne, éventant sans doute les gens embusqués dans le chemin creux, s'arrêta court, aboya avec furie, et ne répondit pas aux appels réitérés de Fleur-de-Marie.

— Entends-tu leur chien? les voilà... vite,

(1) Je tuerai.

ton couteau..... ou sinon!...... — s'écria la Chouette d'un air menaçant.

— Viens donc me le prendre... de force! — dit le Maître d'école.

— C'est fini! il est trop tard! — s'écria la Chouette après avoir écouté un moment avec attention — les voilà passées... Tu me payeras ça! va, potence! — ajouta-t-elle, furieuse, en montrant le poing à son complice; — mille francs de perdus par ta faute!

— Mille, deux mille, peut-être trois mille de gagnés, au contraire — reprit le Maître d'école d'un ton d'autorité. — Écoute-moi, la Chouette — ajouta-t-il — et tu verras si j'ai eu tort de te refuser mon couteau... Tu vas retourner auprès de Barbillon... vous vous en irez tous les deux avec sa voiture au rendez-vous où vous attend le monsieur en deuil... vous lui direz qu'il n'y a rien à faire aujourd'hui, mais que demain ça sera enlevé...

— Et toi? — murmura la Chouette toujours courroucée.

— Écoute encore : la petite va seule tous les soirs reconduire le prêtre; c'est un hasard si aujourd'hui elle a rencontré quelqu'un; il est probable que demain nous aurons meilleure chance : demain donc tu reviendras à cette heure, au carrefour, avec Barbillon et sa voiture.

— Mais toi? mais toi?

— Tortillard va me conduire à la ferme où demeure cette fille; il dira que nous sommes égarés, que je suis son père, un pauvre ouvrier mécanicien aveuglé par accident; que nous allions à Louvres, chez un de nos parents qui pouvait nous donner quelques secours, et que nous nous sommes perdus dans les champs en voulant couper au court. Nous demanderons à passer la nuit à la ferme, dans un coin de l'étable. Jamais ça ne se refuse. Ces paysans nous croiront, et nous donneront à coucher... Tortillard examinera bien les portes, les fenêtres, les issues de la maison : il y a toujours de l'argent chez ces gens-là à l'approche des fermages. Moi qui ai eu des terres — ajouta-t-il avec amertume — je sais ça. Nous sommes dans la première quinzaine de janvier... c'est le bon moment, c'est le temps où on paye les termes échus... La ferme est située, dites-vous, dans un endroit désert; une fois que nous en connaîtrons les entrées et les sorties, on pourra y revenir avec les amis; c'est une affaire à mitonner...

— Toujours têtard, et quelle sorbonne! — dit la Chouette en se radoucissant. — Continue, fourline.

— Demain matin, au lieu de quitter la ferme, je me plaindrai d'une douleur qui m'empêchera de marcher. Si on ne me croit pas, je montrerai la plaie que j'ai gardée depuis que j'ai brisé ma *manille* (1), et dont je souffre toujours. Je dirai que c'est une brûlure que je me suis faite avec une barre de fer rouge dans mon état de mécanicien; on me croira. Ainsi je resterai à la ferme une partie de la journée, pour que Tortillard ait encore le temps de tout bien examiner. Quand le soir arrivera, au moment où la petite sortira, comme d'habitude, avec le prêtre, je dirai que je suis mieux, et que je me trouve en état de partir. Moi et Tortillard nous suivrons la jeune fille de loin; nous reviendrons l'attendre ici en dehors du ravin. Nous connais-

(1) Anneau qui tient la chaîne des forçats.

sant déjà, elle n'aura pas de défiance en nous revoyant; nous l'abordons... nous deux Tortillard... et une fois qu'elle sera à la portée de mon bras, j'en réponds; elle est enflaquée, et les mille francs sont à nous. Ce n'est pas tout... dans deux ou trois jours nous pourrons donner l'*affaire de la ferme* au Barbillon ou à d'autres, et partager ensuite avec eux s'il y a quelque chose, puisque c'est nous qui aurons *nourri le poupard* (1).

— Viens, *sans mirettes* (2); t'as pas ton pareil — dit la Chouette en embrassant le Maître d'école. Mais si par hasard la petite ne reconduit pas le prêtre demain soir?

— Nous recommencerons après-demain; c'est un de ces morceaux qui se mangent froids et lentement; d'ailleurs ça fera des frais qui augmenteront le mémoire du monsieur en deuil; et puis, une fois dans la ferme, je saurai bien juger, d'après ce que j'entendrai dire, si nous avons chance d'enlever la petite par le moyen que nous tentons; sinon nous en chercherons un autre.

(1) Indiqué, préparé le vol.
(2) Sans yeux.

— Ça va, mon homme! Il est fameux ton plan! Dis donc, fourline, quand tu seras tout à fait infirme, faudra te faire *grinche-consultant;* tu gagneras autant d'argent qu'un *rat de prison* (1). Allons, embrasse ta Chouette, et dépêche-toi... ces paysans, ça se couche comme les poules. Je me sauve retrouver Barbillon; demain à quatre heures nous serons à la croix du carrefour avec lui et sa roulante, à moins que d'ici là on ne l'arrête pour avoir escarpé le mari de la laitière... de la rue de la Vieille-Draperie. Mais si ça n'est pas lui, ça sera un autre, puisque le faux fiacre appartient au monsieur en deuil qui s'en est déjà servi. Un quart d'heure après notre arrivée au carrefour, je serai ici à t'attendre.

— C'est dit... A demain, la Chouette...

— Et moi qui oubliais de donner de la cire à Tortillard, s'il y a quelque empreinte à prendre à la ferme! Tiens, sauras-tu bien t'en servir, fifi? — dit la borgnesse en donnant un morceau de cire à Tortillard.

— Oui, oui, allez; papa m'a montré. J'ai pris pour lui l'empreinte de la serrure d'une

(1) Qu'un avocat.

petite cassette de fer que mon maître le charlatan garde dans son cabinet noir.

— A la bonne heure ; et pour qu'elle ne colle pas, n'oublie pas de mouiller ta cire après l'avoir bien échauffée dans ta main.

— Connu, connu ! — répondit Tortillard. Mais vous voyez, je fais tout ce que vous me dites, et ça... parce que vous m'aimez un petit peu, n'est-ce pas, la Chouette ?

— Si je t'aime !... je t'aime comme si je t'avais eu de feu le grand Napoléon !!! — dit la Chouette en embrassant Tortillard, qui fut immodérément flatté de cette comparaison impériale. — A demain, fourline.

— A demain — reprit le Maître d'école.

La Chouette alla rejoindre le fiacre.

Le Maître d'école et Tortillard sortirent du chemin creux, et se dirigèrent du côté de la ferme ; la lumière qui brillait à travers les fenêtres leur servit de guide.

Étrange fatalité qui rapprochait ainsi Anselme Duresnel de sa femme, qu'il n'avait pas vue depuis sa condamnation aux travaux forcés !

CHAPITRE VI.

LA VEILLÉE.

Est-il quelque chose de plus réjouissant à voir que la cuisine d'une grande métairie à l'heure du repas du soir, dans l'hiver surtout? Est-il quelque chose qui rappelle davantage le calme et le bien-être de la vie rustique?

On aurait pu trouver une preuve de ce que nous avançons dans l'aspect de la cuisine de la ferme de Bouqueval.

Son immense cheminée haute de six pieds, large de huit, ressemblait à une grande baie de pierre ouverte sur une fournaise; dans l'âtre noir flamboyait un véritable bûcher de hêtre et de chêne. Ce brasier énorme envoyait autant de clarté que de chaleur dans toutes les parties de la cuisine, et rendait inutile la lumière d'une lampe suspendue à la maîtresse-poutre qui traversait le plafond.

De grandes marmites et des casseroles de cuivre rouge rangées sur des tablettes étincelaient de propreté; une antique fontaine du même métal brillait comme un miroir ardent non loin d'une huche de noyer, soigneusement cirée, d'où s'exhalait une appétissante odeur de pain tout chaud. Une table longue, massive, recouverte d'une nappe de grosse toile d'une extrême propreté, occupait le milieu de la salle; la place de chaque convive était marquée par une de ces assiettes de faïence, brunes au dehors, blanches au dedans, et par un couvert de fer luisant comme de l'argent.

Au milieu de la table, une grande soupière remplie de potage aux légumes fumait comme un cratère, et couvrait de sa vapeur savoureuse un plat formidable de choucroute au jambon et un autre plat non moins formidable de ragoût de mouton aux pommes de terre; enfin un quartier de veau rôti, flanqué de deux salades d'hiver, accosté de deux corbeilles de pommes et de deux fromages, complétaient l'abondante symétrie de ce repas. Trois ou quatre cruches de grès remplies d'un cidre pétillant, autant de miches de pain bis grandes comme des meules de moulin, étaient à la discrétion des laboureurs.

Un vieux chien de berger, griffon noir, presque édenté, doyen émérite de la gent canine de la métairie, devait à son grand âge et à ses anciens services la permission de rester au coin du feu. Usant modestement et discrètement de ce privilége, le museau allongé sur ses deux pattes de devant, il suivait d'un œil attentif les différentes évolutions culinaires qui précédaient le souper.

Ce chien vénérable répondait au nom quelque peu bucolique de *Lysandre*.

Peut-être l'*ordinaire* des gens de cette ferme, quoique fort simple, semblera-t-il un peu somptueux ; mais madame Georges (en cela fidèle aux vues de Rodolphe) améliorait autant que possible le sort de ses serviteurs, exclusivement choisis parmi les gens les plus honnêtes et les plus laborieux du pays. On les

6.

payait largement, on rendait leur sort très-heureux, très-enviable : aussi, entrer comme métayer à la ferme de Bouqueval était le but de tous les bons laboureurs de la contrée : innocente ambition qui entretenait parmi eux une émulation d'autant plus louable, qu'elle tournait au profit des maîtres qu'ils servaient ; car on ne pouvait se présenter pour obtenir une des places vacante à la métairie qu'avec l'appui des plus excellents antécédents.

Rodolphe créait ainsi sur une très-petite échelle une sorte de *ferme-modèle*, non seulement destinée à l'amélioration des bestiaux et des procédés aratoires, mais surtout à l'*amélioration des hommes;* et il atteignait ce but en *intéressant* les hommes à être probes, actifs, intelligents.

Après avoir terminé les apprêts du souper, et posé sur la table un broc de vin vieux destiné à accompagner le *dessert*, la cuisinière de la ferme alla sonner la cloche.

A ce joyeux appel, laboureurs, valets de ferme, laitières, filles de basse-cour, au nombre de douze ou quinze, entrèrent gaiement dans la cuisine. Les hommes avaient l'air mâle et ouvert ; les femmes étaient avenantes et robustes, les jeunes filles alertes et gaies ; toutes ces physionomies placides respiraient la bonne humeur, la quiétude et le contentement de soi ; ils s'apprêtaient avec une sensualité naïve à faire honneur à ce repas bien gagné par les rudes labeurs de la journée.

Le haut de la table fut occupé par un vieux laboureur à cheveux blancs, au visage loyal, au regard franc et hardi, à la bouche un peu moqueuse ; véritable type du paysan de *bon sens*, de ces esprits fermes et droits, nets et lucides, rustiques et malins, qui sentent leur vieux Gaulois d'une lieue.

Le père Châtelain (ainsi se nommait ce Nestor), n'ayant pas quitté la ferme depuis son enfance, était alors employé comme maître laboureur. Lorsque Rodolphe acheta la métairie, le vieux serviteur lui fut justement recommandé ; il le garda et l'investit, sous les ordres de madame Georges, d'une sorte de surintendance des travaux de culture. Le père Châtelain exerçait sur ce personnel de la ferme une haute influence due à son âge, à son savoir, à son expérience.

Tous les paysans se placèrent.

Après avoir dit le *Benedicite* à haute voix, le père Châtelain, suivant un vieil et saint usage, traça une croix sur un des pains avec la pointe de son couteau, et en coupa un morceau représentant la *part de la Vierge* ou la part du pauvre; il versa ensuite un verre de vin sous la même invocation, et plaça le tout sur une assiette qui fut pieusement placée au milieu de la table.

A ce moment les chiens de garde aboyèrent avec force; le vieux *Lysandre* leur répondit par un grognement sourd, retroussa sa lèvre, et laissa voir deux ou trois crocs encore respectables.

— Il y a quelqu'un le long des murs de la cour — dit le père Châtelain.

A peine avait-il dit ces paroles, que la cloche de la grande porte tinta.

— Qui peut venir si tard? — dit le vieux laboureur — tout le monde est rentré... Va toujours voir, Jean René.

Jean René, jeune garçon de ferme, remit avec regret dans son assiette une énorme cuillerée de soupe brûlante, sur laquelle il soufflait d'une force à désespérer Éole, et sortit de la cuisine.

— Voilà depuis bien long-temps la première fois que madame Georges et mademoiselle Marie ne viennent pas s'asseoir au coin du feu pour assister à notre souper — dit le père Châtelain ; — j'ai une rude faim, mais je mangerai de moins bon appétit.

— Madame Georges est montée dans la chambre de mademoiselle Marie, car, en revenant de reconduire M. le curé, mademoiselle s'est trouvée un peu souffrante et s'est couchée — répondit Claudine, la robuste fille qui avait ramené la Goualeuse du presbytère, et ainsi renversé sans le savoir les sinistres desseins de la Chouette.

— Notre bonne mademoiselle Marie est seulement indisposée... mais elle n'est pas malade, n'est-ce pas ? — demanda le vieux laboureur avec inquiétude.

— Non, non, Dieu merci ! père Châtelain ; madame Georges a dit que ça ne serait rien — reprit Claudine ; sans cela elle aurait envoyé chercher à Paris M. David, ce médecin nègre... qui a déjà soigné mademoiselle Marie lorsqu'elle a été malade. C'est égal, c'est tout de même bien étonnant, un médecin noir ! Si c'était pour moi, je n'aurais pas du tout de confiance. Un médecin blanc, à la bonne heure... c'est chrétien.

— Est-ce que M. David n'a pas guéri mademoiselle Marie, qui était languissante dans les premiers temps ?

— Si, père Châtelain.

— Eh bien ?

—C'est égal, un médecin noir, ça a comme quelque chose d'effrayant.

— Est-ce qu'il n'a pas remis sur pied la vieille mère Anique, qui, à la suite d'une plaie aux jambes, ne pouvait tant seulement bouger de son lit depuis trois ans ?

— Si, si, père Châtelain.

— Eh bien ! ma fille...?

— Oui, père Châtelain ; mais un médecin noir... pensez donc... tout noir, tout noir...

— Ecoute, ma fille : de quelle couleur est ta génisse Musette ?

— Blanche, père Châtelain, blanche comme un cygne, et fameuse laitière ; on peut dire cela sans l'exposer à rougir.

— Et ta génisse *Rosette*?

— Noire comme un corbeau, père Châtelain ; fameuse laitière aussi, faut être juste pour tout le monde.

— Et le lait de cette génisse noire, de quelle couleur est-il ?

— Mais blanc, père Châtelain... c'est tout simple, blanc comme neige.

— Aussi blanc et aussi bon que celui de Musette ?

— Mais oui, père Châtelain.

— Quoique Rosette soit noire ?

— Quoique Rosette soit noire... Qu'est-ce que ça fait au lait que la vache soit noire, rousse ou blanche ?

— Ça ne fait rien ?

— Rien de rien, père Châtelain.

— Eh bien ! alors, ma fille, pourquoi ne veux-tu pas qu'un médecin noir soit aussi bon qu'un médecin blanc ?

— Dame... père Châtelain, c'était par rapport à la peau — dit la grosse fille après un moment de cogitation profonde. — Mais au fait, puisque *Rosette* la noire a d'aussi bon lait que *Musette* la blanche, la peau n'y fait rien.

Ces réflexions physiognomoniques de Claudine sur la différence des races blanches et noires furent interrompues par le retour de Jean René qui soufflait dans ses doigts avec autant de vigueur qu'il avait soufflé sur sa soupe.

— Oh ! quel froid ! quel froid il fait cette nuit !... Il gèle à pierre fendre — dit-il en entrant ; — vaut mieux être dedans que dehors par un temps pareil. Quel froid !

— Gelée commencée par un vent d'est sera rude et longue ; tu dois savoir ça, garçon. Mais qui a sonné ? — demanda le doyen des laboureurs.

— Un pauvre aveugle et un enfant qui le conduit, père Châtelain.

CHAPITRE VII.

L'HOSPITALITÉ.

— Et qu'est-ce qu'il veut, cet aveugle ? — demanda le père Châtelain à Jean René.

— Ce pauvre homme et son fils se sont égarés en voulant aller à Louvres par la traverse ; comme il fait un froid de loup et que la nuit est noire, car le ciel se couvre, l'aveugle et son enfant demandent à passer la nuit à la ferme, dans un coin de l'étable.

— Madame Georges est si bonne qu'elle ne refuse jamais l'hospitalité à un malheureux ; elle consentira bien sûr à ce qu'on donne à coucher à ces pauvres gens... mais il faut la prévenir. Vas-y, Claudine.

Claudine disparut.

— Et où attend-il, ce brave homme? — demanda le père Châtelain.

— Dans la petite grange.

— Pourquoi l'as-tu mis dans la grange?

— S'il était resté dans la cour, les chiens l'auraient mangé tout cru, lui et son petit. Oui, père Châtelain, j'avais beau dire : « Tout beau, Médor... ici, Turc... à bas, Sultan !.. » j'ai jamais vu des déchaînés pareils. Et pourtant, à la ferme on ne les dresse pas à mordre sur le pauvre, comme dans bien des endroits...

— Ma foi, mes enfants, la *part du pauvre* aura été ce soir réservée pour tout de bon... Serrez-vous un peu... Bien! Mettons deux couverts de plus, l'un pour l'aveugle, l'autre pour son fils; car sûrement madame Georges leur laissera passer la nuit ici.

— C'est tout de même étonnant que les chiens soient furieux comme ça — se dit Jean René; — il y avait surtout Turc, que Claudine a emmené en allant ce soir au presbytère... il était comme un possédé... En le flattant pour l'apaiser, j'ai senti les poils de son dos tout hérissés... on aurait dit un porc-épic.

Qu'est-ce que vous dites de cela, heim! père Châtelain, vous qui savez tout?

— Je dis, mon garçon, moi *qui sais tout*, que les bêtes en savent encore plus long que moi... Lors de l'ouragan de cet automne, qui avait changé la petite rivière en torrent, quand je m'en revenais à nuit noire, avec mes chevaux de labour, assis sur le vieux cheval rouan, que le diable m'emporte si j'aurais su où passer à gué, car on n'y voyait pas plus que dans un four!.. Eh bien! j'ai laissé la bride sur le cou du vieux rouan, et il a trouvé tout seul ce que nous n'aurions trouvé ni les uns ni les autres... Qui est-ce qui lui a appris cela?

— Oui, père Châtelain, qui est-ce qui lui a appris cela, au vieux cheval rouan?

— Celui qui apprend aux hirondelles à faire leur nid sur les toits, et aux bergeronnettes à faire leur nid au milieu des roseaux, mon garçon... — Eh bien! Claudine — dit le vieil oracle à la laitière qui rentrait portant sous son bras deux paires de draps bien blancs, qui jetaient une suave odeur de sauge et de verveine — eh bien! madame Georges a ordonné de faire souper et coucher ici ce pauvre aveugle et son fils, n'est-ce pas ?

— Voilà des draps pour faire leurs lits dans la petite chambre au bout du corridor — dit Claudine.

— Allons, va les chercher, Jean René... Toi, ma fille, approche deux chaises du feu, ils se réchaufferont un moment avant de se mettre à table... car le froid est dur cette nuit.

On entendit de nouveau les aboiements furieux des chiens, et la voix de Jean René qui tâchait de les apaiser.

La porte de la cuisine s'ouvrit brusquement : le Maître d'école et Tortillard entrèrent avec précipitation comme s'ils eussent été poursuivis.

—Prenez donc garde à vos chiens !—s'écria le Maître d'école avec frayeur. — Ils ont manqué nous mordre.

— Ils m'ont arraché un morceau de ma blouse, dit Tortillard encore pâle d'effroi...

— Excusez, mon brave homme — dit Jean René en fermant la porte. — Mais je n'ai jamais vu nos chiens si méchants... C'est, bien sûr, le froid qui les agace... Ces bêtes n'ont pas de raison ; elles veulent peut-être mordre pour se réchauffer !..

— Allons, à l'autre maintenant ! — dit le laboureur en arrêtant le vieux Lysandre au moment où, grondant d'un air menaçant, il allait s'élancer sur les nouveaux venus. — Il a entendu les autres chiens aboyer de furie, il veut faire comme eux. Veux-tu aller te coucher tout de suite, vieux sauvage !... veux-tu !...

A ces mots du père Châtelain, accompagnés d'un coup de pied significatif, *Lysandre* regagna, toujours grondant, sa place de prédilection au coin du foyer.

Le Maître d'école et Tortillard restaient à la porte de la cuisine, n'osant pas avancer.

Enveloppé d'un manteau bleu à collet de fourrure, son chapeau enfoncé sur le bonnet noir qui lui cachait presque entièrement le front, le brigand tenait la main de Tortillard qui se pressait contre lui en regardant les paysans avec défiance ; l'honnêteté de ces physionomies déroutait et effrayait presque le fils de Bras-Rouge.

Les natures mauvaises ont aussi leurs répulsions et leurs sympathies.

Les traits du Maître d'école étaient si hideux, que les habitants de la ferme restèrent un instant frappés, les uns de dégoût, les autres d'effroi. Cette impression n'échappa pas à Tortillard ; la frayeur des paysans le rassura ; il fut fier de l'épouvante qu'inspirait son compagnon. Ce premier mouvement passé, le père Châtelain, ne songeant qu'à remplir les devoirs de l'hospitalité, dit au Maître d'école :

—Mon brave homme, avancez près du feu, vous vous réchaufferez d'abord. Vous souperez ensuite avec nous, car vous arrivez au moment où nous allions nous mettre à table. Tenez, asseyez-vous là. Mais à quoi ai-je la tête ! — ajouta le père Châtelain ; — ce n'est pas à vous, mais à votre fils que je dois m'adresser, puisque malheureusement vous êtes aveugle. Voyons, mon enfant, conduis ton père auprès de la cheminée.

—Oui, mon bon monsieur — répondit Tortillard d'un ton nasillard, patelin et hypocrite ; — que le bon Dieu vous rende votre bonne charité!... Suis-moi, pauvre papa... suis-moi... prends bien garde.—Et l'enfant guida les pas du brigand.

Tous deux arrivèrent près de la cheminée.

D'abord Lysandre gronda sourdement; mais ayant flairé un instant le Maître d'école, il poussa tout à coup cette sorte d'aboiement lugubre qui fait dire communément que les chiens *hurlent à la mort.*

—Enfer!—se dit le Maître d'école.— Est-ce donc le sang qu'ils flairent, ces maudits animaux? J'avais ce pantalon-là pendant la nuit de l'assassinat du marchand de bœufs...

—Tiens, c'est étonnant—dit tout bas Jean René—le vieux Lysandre qui hurle à la mort en sentant le bonhomme...

Alors il arriva une chose étrange.

Les cris de Lysandre étaient si perçants, si plaintifs, que les autres chiens l'entendirent (la cour de la ferme n'étant séparée de la cuisine que par une fenêtre vitrée), et, selon l'habitude de la race canine, ils répétèrent à l'envi ces gémissements lamentables.

Quoique peu superstitieux, les métayers s'entre-regardèrent presque avec effroi.

En effet, ce qui se passait était singulier.

Un homme, qu'ils n'avaient pu envisager sans horreur, entrait dans la ferme... Alors des animaux jusqu'alors paisibles devenaient furieux et jetaient ces clameurs sinistres qui, selon les croyances populaires, prédisent les approches de la mort.

Le brigand lui-même, malgré son endurcissement, malgré son audace infernale, tressaillit un moment en entendant ces hurlements funèbres, mortuaires... qui éclataient à son arrivée, à lui... assassin...

Tortillard, sceptique, effronté comme un enfant de Paris, corrompu pour ainsi dire à la mamelle, resta seul indifférent à l'effet moral de cette scène. Délivré de la crainte d'être mordu, cet avorton railleur se moqua de ce qui atterrait les habitants de la ferme et de ce qui faisait frissonner le Maître d'école.

La première stupeur passée, Jean René sortit, et l'on entendit bientôt les claquements de son fouet qui dissipèrent les lugubres *pressentiments* de Turc, de Sultan et de Médor. Peu à peu les visages contristés des laboureurs se rassérénèrent. Au bout de quelques moments, l'épouvantable laideur du Maître d'école leur inspira plus de pitié que d'horreur; ils plaignirent le petit boiteux de son infirmité, lui trouvèrent une mine *futée* très-intéressante, et le louèrent beaucoup des soins empressés qu'il prodiguait à son père.

L'appétit des laboureurs, un moment oublié, se réveilla avec une nouvelle énergie, et l'on n'entendit pendant quelques instants que le bruit des fourchettes.

Tout en s'escrimant de leur mieux sur leurs mets rustiques, métayers et métayères remarquaient avec attendrissement les prévenances de l'enfant pour l'aveugle, auprès duquel on l'avait placé. Tortillard lui préparait ses morceaux, lui coupait son pain, lui versait à boire avec une attention toute filiale.

Ceci était le beau côté de la médaille, voici le revers :

Autant par cruauté que par l'esprit d'imitation naturel à son âge, Tortillard trouvait une jouissance cruelle à tourmenter le Maître d'école, à l'exemple de la Chouette, qu'il était fier de copier ainsi, et qu'il aimait avec une sorte de dévouement.

7.

Comment cet enfant pervers sentait-il le besoin d'être aimé? Comment se trouvait-il heureux du semblant d'affection que lui témoignait la borgnesse? Comment pouvait-il, enfin, s'émouvoir au lointain souvenir des caresses de sa mère? C'était encore une de ces fréquentes et nombreuses anomalies qui, de temps à autre, protestent heureusement contre l'unité dans le vice.

Nous l'avons dit, éprouvant, ainsi que la Chouette, un charme extrême à avoir, lui chétif, pour *bête de souffrance*, un tigre muselé... Tortillard, assis à la table des laboureurs, eut la méchanceté de vouloir raffiner son plaisir en forçant le Maître d'école à supporter ses mauvais traitements sans sourciller.

Il compensa donc chacune de ses attentions ostensibles pour son père supposé par un coup de pied souterrain particulièrement adressé à une plaie très-ancienne que le Maître d'école, comme beaucoup de forçats, avait à la jambe droite, à l'endroit où pesait l'anneau de sa chaîne pendant son séjour au bagne.

Il fallut à ce brigand un courage d'autant plus stoïque pour cacher sa souffrance à chaque atteinte de Tortillard, que ce petit monstre, afin de mettre sa victime dans une position plus difficile encore, choisissait pour ses attaques tantôt le moment où le Maître d'école buvait, tantôt le moment où il parlait.

Néanmoins l'impassibilité de ce dernier ne se démentit pas ; il contint merveilleusement sa colère et sa douleur, pensant (et le fils de Bras-Rouge y comptait bien) qu'il serait très-dangereux pour le succès de ses desseins de laisser deviner ce qui se passait *sous la table*.

—Tiens, pauvre papa, voilà une noix toute épluchée — dit Tortillard en mettant dans l'assiette du Maître d'école un de ces fruits soigneusement détaché de sa coque.

— Bien, mon enfant — dit le père Châtelain ; puis, s'adressant au brigand : — Vous êtes sans doute bien à plaindre, brave homme ; mais vous avez un si bon fils... que cela doit vous consoler un peu !

—Oui, oui, mon malheur est grand ; et, sans la tendresse de mon cher enfant... je...

Le Maître d'école ne put retenir un cri aigu...

Le fils de Bras-Rouge avait cette fois rencontré le vif de la plaie ; la douleur fut intolérable.

— Mon Dieu!... qu'as-tu donc, pauvre papa?— s'écria Tortillard d'une voix larmoyante, et, se levant, il se jeta au cou du Maître d'école.

Dans son premier mouvement de colère et de rage, le brigand voulut étouffer le petit boiteux entre ses bras d'hercule, et le pressa si violemment contre sa poitrine que l'enfant, perdant la respiration, laissa entendre un sourd gémissement.

Mais réfléchissant aussitôt qu'il ne pouvait se passer de Tortillard, le Maître d'école se contraignit et le repoussa sur sa chaise.

Dans tout ceci les paysans ne virent qu'un échange de tendresses paternelles et filiales : la pâleur et la suffocation de Tortillard leur parut causée par l'émotion de ce *bon fils*.

— Qu'avez-vous donc, mon brave?— demanda le père Châtelain. — Votre cri de tout à l'heure a fait pâlir votre enfant... Pauvre petit... tenez, il peut à peine respirer !

— Ce n'est rien — répondit le Maître d'école en reprenant son sang-froid. — Je suis de mon état serrurier-mécanicien ; il y a quelque temps, en travaillant au marteau une barre de fer rougie, je l'ai laissée tomber sur mes jambes, et je me suis fait une brûlure si profonde qu'elle n'est pas encore cicatrisée... Tout à l'heure je me suis heurté au pied de la table, et je n'ai pu retenir un cri de douleur.

— Pauvre papa ! — dit Tortillard, remis de son *émotion*, et jetant un regard diabolique sur le Maître d'école — pauvre papa ! c'est pourtant vrai, mes bons messieurs, on n'a jamais pu le guérir de sa jambe... Hélas ! non, jamais ! Oh ! je voudrais bien avoir son mal, moi... pour qu'il ne l'ait plus, ce pauvre papa...

Les femmes regardèrent Tortillard avec attendrissement.

— Eh bien ! mon brave homme — reprit le père Châtelain — il est malheureux pour vous que vous ne soyez pas venu à la ferme il y a trois semaines, au lieu d'y venir ce soir.

— Pourquoi cela ?

—Parce que nous avons eu ici, pendant quelques jours, un docteur de Paris qui a un remède souverain pour les maux de jambe. Une bonne vieille femme du village ne pouvait pas marcher depuis trois ans; le docteur lui a mis de son onguent sur ses blessures... A présent elle court comme un Basque, et elle se promet au premier jour d'aller à pied remercier son sauveur, *allée des Veuves*, à Paris... Vous voyez que d'ici il y a un bon bout de chemin. Mais qu'est-ce que vous avez donc? encore cette maudite blessure?

Ces mots : *allée des Veuves*, rappelaient de si terribles souvenirs au Maître d'école, qu'il n'avait pu s'empêcher de tressaillir et de contracter ses traits hideux.

— Oui — répondit-il en se remettant — encore un élancement...

— Bon papa, sois tranquille, je te bassinerai bien soigneusement ta jambe ce soir — dit Tortillard.

— Pauvre petit! — dit Claudine — aime-t-il son père!

— C'est vraiment dommage — reprit le

père Châtelain en s'adresant au Maître d'école — que ce digne médecin ne soit pas ici ; mais, j'y pense, il est aussi charitable que savant; en retournant à Paris, faites-vous conduire chez lui par votre petit garçon, il vous guérira, j'en suis sûr; son adresse n'est pas difficile à retenir : allée des Veuves, n° 17. Si vous oubliez le numéro... peu importe; ils ne sont pas beaucoup de médecins dans cet endroit-là, et surtout de médecins nègres...; car figurez-vous qu'il est nègre, cet excellent docteur David.

Les traits du Maître d'école étaient tellement couturés de cicatrices, que l'on ne put s'apercevoir de sa pâleur.

Il pâlit pourtant... pâlit affreusement en entendant d'abord citer le numéro de la maison de Rodolphe, et ensuite parler de David... le docteur noir...

De ce noir qui, par ordre de Rodolphe, lui avait infligé un supplice épouvantable dont à chaque instant il subissait les terribles conséquences.

La journée était funeste au Maître d'école.

Le matin il avait enduré les tortures de la Chouette et du fils de Bras-Rouge; il arrive à la ferme, les chiens *hurlent la mort* à son aspect homicide et veulent le dévorer; enfin le hasard le conduit dans une maison où quelques jours auparavant se trouvait son bourreau.

Séparément, ces circonstances auraient suffi pour exciter tour à tour la rage ou la crainte de ce brigand; mais se précipitant dans l'espace de quelques heures, elles lui portèrent un coup violent.

Pour la première fois de sa vie, il éprouva une sorte de terreur superstitieuse... il se demanda si le hasard amenait seul des incidents si étranges.

Le père Châtelain, ne s'étant pas aperçu de la pâleur du Maître d'école, reprit :

— Du reste, mon brave homme, lorsque vous partirez, on donnera l'adresse du docteur à votre fils, et ce sera obliger M. David que le mettre à même de rendre service à quelqu'un; il est si bon, si bon!... c'est dommage qu'il ait toujours l'air triste... Mais tenez...

buvons un coup à la santé de votre futur sauveur...

— Merci... je n'ai plus soif — dit le Maître d'école d'un air sombre.

— Bois donc, cher bon papa; bois donc, ça te fera du bien... à ton pauvre estomac — ajouta Tortillard en mettant le verre dans les mains de l'aveugle.

— Non, non, je ne veux plus boire — dit celui-ci.

— Ce n'est plus du cidre que je vous ai versé, mais du vieux vin — dit le laboureur. — Il y a bien des bourgeois qui n'en boivent pas de pareil. Dame! ce n'est pas une ferme comme une autre que celle-ci... Qu'est-ce que vous dites de notre ordinaire?

— Il est très-bon — répondit machinalement le Maître d'école de plus en plus absorbé dans de sinistres pensées.

— Eh bien! c'est tous les jours comme ça : bon travail et bon repas, bonne conscience et bon lit; en quatre mots, voilà notre vie : nous sommes sept cultivateurs ici, et sans nous vanter nous faisons autant de besogne que quatorze, mais aussi on nous paye comme quatorze. — Aux simples laboureurs, cent cinquante écus par an; aux laitières et aux filles de ferme... soixante écus! et à partager entre nous un cinquième des produits de la ferme... Dame! vous comprenez que nous ne laissons pas la terre un brin se reposer, car la pauvre vieille nourricière, tant plus elle produit, tant plus nous avons.

— Votre maître ne doit guère s'enrichir en vous avantageant de la sorte — dit le Maître d'école.

—Notre maître?.. Oh! ça n'est pas un maître comme les autres. Il a une manière de s'enrichir qui n'est qu'à lui.

— Que voulez-vous dire — demanda l'aveugle, qui désirait engager la conversation pour échapper aux noires pensées qui le poursuivaient; — votre maître est donc bien extraordinaire?

— Extraordinaire en tout, mon brave homme; mais, tenez, le hasard vous a amené ici, puisque ce village est éloigné de tout grand chemin. Vous n'y reviendrez sans doute jamais; vous ne le quitterez pas du moins sans savoir ce que c'est que notre maître et ce qu'il fait de cette ferme; en deux mots, je vas vous dire ça, à condition que vous le répéterez à tout le monde... Vous verrez... c'est aussi bon à dire qu'à entendre...

— Je vous écoute — reprit le Maître d'école.

CHAPITRE VIII.

UNE FERME-MODÈLE.

—

— Et vous ne serez pas fâché de m'avoir entendu — dit le père Châtelain au Maître d'école. — Figurez-vous qu'un jour notre maître s'est dit : « Je suis très-riche, c'est bon ; mais comme ça ne me fait pas dîner deux fois... si je faisais dîner ceux qui ne dînent pas du tout, et dîner mieux de braves gens qui ne mangent pas à leur faim? Ma foi, ça me va; vite à l'œuvre! » Et notre maître s'est mis à l'œuvre. Il a acheté cette ferme, qui alors n'avait pas un grand *faire-valoir*, et n'employait guère plus de deux charrues; je sais cela, je suis né ici. Notre maître a augmenté les terres, vous saurez tout à l'heure pourquoi... A la tête de la ferme il a mis une digne femme, aussi respectable que malheureuse... c'est toujours comme ça qu'il choisit... et il lui a dit : « Cette maison sera, comme la maison du bon Dieu, ouverte aux bons, fermée aux méchants; on en chassera les mendiants paresseux, mais on y donnera toujours *l'aumône du travail* à ceux qui ont bon courage : cette aumône-là n'humilie pas qui la reçoit et profite à qui la donne; le riche qui ne la fait pas est un mauvais riche... » C'est notre maître qui dit ça; par ma foi! il a raison, mais il fait mieux que de dire... il agit... Autrefois il y avait un chemin direct d'ici à Écouen qui raccourcissait d'une bonne lieue; mais dame! il était si effondré, si effondré, qu'on n'y pouvait plus passer, c'était la mort aux chevaux et aux voitures; quelques corvées et un peu d'argent fournis par un chacun des fermiers du pays auraient remis la route en état; mais tant plus un chacun avait envie de voir cette route en état, tant plus un chacun renâclait à fournir argent et corvée. Notre maître voyant ça a dit : « Le chemin sera fait; mais comme ceux qui pourraient y contribuer n'y contribuent pas, comme c'est environ un chemin de luxe, il profitera un jour à ceux qui ont chevaux et voitures, mais il profitera d'abord à ceux qui n'ont que leurs deux bras, du cœur et pas de travail. Ainsi, par exemple, un gaillard robuste frappe-t-il à la ferme en disant : J'ai faim et je manque d'ouvrage, — « Mon garçon, voilà une bonne soupe, une pioche, une pelle, on va vous conduire au chemin d'Écouen, faites chaque jour deux toises de cailloutis, et chaque soir vous aurez quarante sous, une toise vingt sous, une demi-toise dix sous, sinon rien. » — Moi, à la brune, en revenant des champs, je vais inspecter le chemin et m'assurer de ce qu'un chacun a fait.

— Et quand on pense qu'il y a eu deux sans-cœurs assez gredins pour manger la soupe et voler la pioche et la pelle! — dit Jean René avec indignation — ça dégoûterait de faire le bien...

— Ça, c'est vrai — dirent quelques laboureurs.

— Allons donc! mes enfants — reprit le père Châtelain. — Voire... on ne ferait donc ni plantations ni semailles, parce qu'il y a des chenilles, des charançons et autres mauvaises bestioles rongeuses de feuilles ou grugeuses de grain? Non, non, on écrase les vermines; le bon Dieu, qui n'est pas chiche, fait pousser de nouveaux bourgeons, de nouveaux épis, le dommage est réparé, et l'on ne s'aperçoit tant seulement pas que les bêtes malfaisantes ont passé par là. N'est-ce pas, mon brave homme? — dit le vieux laboureur au Maître d'école.

— Sans doute, sans doute — reprit celui-ci qui semblait depuis quelques moments réfléchir profondément.

— Quant aux femmes et aux enfants, il y a aussi du travail pour eux et pour leurs forces — ajouta le père Châtelain.

— Et malgré ça — dit Claudine la laitière — le chemin n'avance pas vite.

— Dame! ma fille, ça prouve qu'heureusement dans le pays les braves gens ne manquent pas d'ouvrage.

— Mais à un infirme, à moi, par exemple — dit tout à coup le Maître d'école — est-ce qu'on ne m'accorderait pas la charité d'une place dans un coin de la ferme, un morceau de pain et un abri... pour le peu de temps qui me reste à vivre? Oh! si cela se pouvait... mes bonnes gens... je passerais ma vie à remercier votre maître.

Le brigand parlait alors sincèrement. Il ne se repentait pas pour cela de ses crimes; mais l'existence paisible, heureuse, des laboureurs, excitait d'autant plus son envie qu'il songeait à l'avenir effrayant que lui réservait la Chouette; avenir qu'il avait été loin de prévoir, et qui lui faisait regretter davantage encore d'avoir, en rappelant sa complice auprès de lui, perdu pour jamais la possibilité de vivre auprès des honnêtes gens chez lesquels le Chourineur l'avait placé.

Le père Châtelain regarda le Maître d'école avec étonnement.

— Mais, mon pauvre homme — lui dit-il — je ne vous croyais pas tout à fait sans ressources?

— Hélas! mon Dieu si... j'ai perdu la vue par un accident de mon métier. Je vais à Louvres chercher des secours chez un parent éloigné... mais vous comprenez... quelquefois les gens sont si égoïstes... si durs... — dit le Maître d'école.

— Oh! il n'y a pas d'égoïste qui tienne —

reprit le père Châtelain — un bon et honnête ouvrier comme vous, malheureux comme vous, avec un enfant si gentil, si bon fils, ça attendrirait des pierres... Mais le maître qui vous employait avant votre accident, comment ne fait-il rien pour vous?

— Il est mort... — dit le Maître d'école après un moment d'hésitation — et c'était mon seul protecteur...

— Mais l'hospice des Aveugles?...

— Je n'ai pas l'âge d'y entrer...

— Pauvre homme!... Vous êtes bien à plaindre!

— Eh bien! vous croyez que si je ne trouve pas à Louvres le secours que j'espère, votre maître, que je respecte déjà sans le connaître, n'aura pas pitié de moi?...

— Malheureusement, voyez-vous, la ferme n'est pas un hospice... Ordinairement ici on accorde aux infirmes de passer une nuit ou un jour à la ferme... puis on leur donne un secours... et que le bon Dieu les ait en aide...

— Ainsi, je n'ai aucun espoir d'intéresser votre maître à mon triste sort? — dit le brigand avec un soupir de regret.

— Je vous dis la règle, mon brave homme; mais notre maître est si compatissant, si généreux, qu'il est capable de tout.

— Vous croyez? — s'écria le Maître d'école.
— Il serait possible qu'il consentît à me laisser vivre ici dans un coin? Je serais heureux de si peu!..

— Je vous dis que notre maître est capable de tout... S'il consent à vous garder à la ferme, vous n'auriez pas à vous cacher dans un coin; vous seriez traité comme nous donc!... comme aujourd'hui... On trouverait de quoi occuper votre enfant selon ses forces; bons conseils et bons exemples ne lui manqueraient point; notre vénérable curé l'instruirait avec les autres enfants du village, et il grandirait dans le bien, comme on dit... Mais pour ça, tenez, il faudrait demain matin parler tout franchement à *Notre-Dame-de-Bon-Secours*...

— Comment? — dit le Maître d'école.

— Nous appelons ainsi notre maîtresse... Si elle s'intéresse à vous, votre affaire est sûre... En fait de charité, notre maître ne sait rien refuser à notre dame...

— Oh! alors je lui parlerai... je lui parlerai !... — s'écria joyeusement le Maître d'école, se voyant déjà délivré de la tyrannie de la Chouette.

Cette espérance trouva peu d'écho chez Tortillard, qui ne se sentait nullement disposé à profiter des offres du vieux laboureur, *et à grandir dans le bien* sous les auspices d'un vénérable curé. Le fils de Bras-Rouge avait des penchants très-peu rustiques et l'esprit très-peu tourné à la bucolique; d'ailleurs, fidèle aux traditions de la Chouette, il aurait vu avec un vif déplaisir le Maître d'école se soustraire à leur commun despotisme; il voulait donc rappeler à la réalité le brigand, qui s'égarait déjà parmi de champêtres et riantes illusions...

— Oh! oui — répéta le Maître d'école — je lui parlerai à *Notre-Dame-de-bon-Secours*... elle aura pitié de moi, et...

Tortillard donna en ce moment et sournoisement un vigoureux coup de pied au Maître d'école, et l'atteignit *au bon endroit.*

La souffrance interrompit et abrégea la phrase du brigand, qui répéta, après un tressaillement douloureux :

—Oui, j'espère que cette bonne dame aura pitié de moi.

— Pauvre bon papa...— reprit Tortillard; mais tu comptes donc pour rien ma bonne tante... *madame la Chouette,* qui t'aime si fort... Pauvre tante *la Chouette!..* Oh! elle ne t'abandonnera pas comme ça! vois-tu? Elle serait plutôt capable de venir te réclamer ici avec notre cousin M. *Barbillon...*

— Ce brave homme a des parents chez les poissons et chez les oiseaux... — dit tout bas Jean René d'un air prodigieusement malicieux, en donnant un coup de coude à Claudine, sa voisine.

—Grand *sans-cœur*, allez! de rire de ces malheureux — répondit tout bas la fille de ferme, en donnant à son tour à Jean René un coup de coude à lui briser trois côtes.

— Madame la Chouette est une de vos parentes? — demanda le laboureur au Maître d'école.

— Oui... c'est une de nos parentes...— répondit-il avec un morne et sombre accablement.

Dans le cas où il trouverait à la ferme

un refuge inespéré, il craignait que la borgnesse ne vînt par méchanceté le dénoncer; il craignait aussi que les noms étranges de ses prétendus parents, *madame la Chouette* et *M. Barbillon,* cités par Tortillard, n'éveillassent les soupçons; mais à cet endroit ses craintes furent vaines; Jean René seul y vit le texte d'une plaisanterie faite à voix basse et très-mal accueillie par Claudine.

— C'est cette parente que vous allez trouver à Louvres? — demanda le père Châtelain.

— Oui — dit le brigand — mais je crois que mon fils se trompe en comptant trop sur elle.

— Oh! mon pauvre papa, je ne me trompe pas... va... Elle est si bonne, ma tante la Chouette... Tu sais bien, c'est elle qui t'a envoyé l'eau avec laquelle je bassine ta jambe... et la manière de s'en servir... C'est elle qui m'a dit : — Fais pour ton pauvre papa ce que je ferais moi-même... et le bon Dieu te bénira...Oh! ma tante la Chouette... elle t'aime... mais elle t'aime si fort que...

— C'est bien, c'est bien — dit le Maître d'école en interrompant Tortillard — ça ne m'empêchera pas, en tout cas, de parler demain matin à la bonne dame d'ici... et d'implorer son appui auprès du respectable propriétaire de cette ferme; mais — ajouta-t-il pour changer la conversation et mettre un terme aux imprudents propos de Tortillard— mais, à propos du propriétaire de cette ferme, on m'avait promis de me dire ce qu'il y a de particulier dans l'organisation de la métairie où nous sommes.

— C'est moi qui vous ai promis cela — dit le père Châtelain — et je vais remplir ma promesse. Notre maître, après avoir ainsi imaginé ce qu'il appelle l'*aumône du travail*, s'est dit : Il y a des établissements et des prix pour encourager l'amélioration des chevaux, des bestiaux, des charrues et de bien d'autres choses encore..... ma foi!... M'est avis qu'il serait un brin temps de moyenner aussi de quoi améliorer les hommes... Bonnes bêtes, c'est bien; bonnes gens, ça serait mieux, mais plus difficile. Lourde avoine et pré dru ; eau vive et air pur, soins constants et sûr abri, chevaux et bestiaux viendront comme à souhait et vous donneront contentement; mais, pour les hommes, voire! c'est autre chose : on ne met pas un homme en grand'vertu comme un bœuf en grand'chair. L'herbage profite au bœuf, parce que l'herbage, savoureux au goût, lui plaît en l'engraissant; eh bien! m'est avis que, pour que les bons conseils profitent bien à l'homme, faudrait faire qu'il trouve son compte à les suivre...

— Comme le bœuf trouve son compte à manger de bonne herbe, n'est-ce pas, père Châtelain?

— Justement, mon garçon.

— Mais, père Châtelain — dit un autre laboureur — on a parlé dans les temps d'une manière de ferme où des jeunes voleurs, qui avaient eu, malgré ça, une très-bonne conduite tout de même, apprenaient l'agriculture, et étaient soignés, choyés comme de petits princes?

— C'est vrai, mes enfants; — il y a du bon là-dedans; c'est humain et charitable de ne jamais désespérer des méchants; mais faudrait faire aussi espérer les bons. Un honnête jeune homme, robuste et laborieux, ayant envie de bien faire et de bien apprendre, se présenterait à cette ferme de jeunes ex-voleurs, qu'on lui dirait : Mon gars, as-tu un brin volé et vagabondé? — Non. — Eh bien! il n'y a pas de place ici pour toi.

— C'est pourtant vrai ce que vous dites-là, père Châtelain — dit Jean René. — On fait pour des coquins ce qu'on ne fait pas pour les honnêtes gens; on améliore les bêtes et non pas les hommes.

— C'est pour donner l'exemple et remédier à ça, mon garçon, que notre maître, comme je l'apprends à ce brave homme, a établi cette ferme... « Je sais bien, a-t-il dit, que *là-haut* il y a des récompenses pour les honnêtes gens; mais *là-haut*... dame!.. c'est bien haut, c'est bien loin; et d'aucuns (il faut les plaindre, mes enfants) n'ont point la vue et l'haleine assez longue pour atteindre là; et puis, où trouveraient-ils le temps de regarder *là-haut?* Pendant le jour, de l'aurore au coucher du soleil, courbés sur la terre, ils la bêchent et la rebêchent pour un maître; la nuit, ils dorment harassés sur leur grabat... Le dimanche, ils s'enivrent au cabaret pour oublier les fatigues d'hier et celles de demain. C'est qu'aussi ces fatigues sont stériles pour eux, pauvres gens! Après un travail forcé, leur pain est-il moins noir, leur couche moins dure, leur enfant moins malingre, leur femme moins épuisée à le nourrir?.. le nourrir!.. elle qui ne mange pas sa faim! Non! non! non! Après ça, je sais bien, mes enfants, que noir est leur pain, mais c'est du pain; dur est leur grabat, mais c'est un lit; chétifs sont leurs enfants, mais ils vivent. Les malheureux supporteraient peut-être allégrement leur sort, s'ils croyaient qu'un chacun est comme eux. Mais ils vont à la ville ou au bourg le jour du marché, et là ils voient du pain blanc, d'épais et chauds matelas, des enfants fleuris comme des rosiers de mai, et si rassasiés, si rassasiés, qu'ils jettent du gâteau à des chiens... Dame!.. alors, quand ils reviennent à leur hutte de terre, à leur pain noir, à leur grabat, ces pauvres gens se disent, en voyant leur petit enfant souffreteux, maigre, affamé, à qui ils auraient bien voulu apporter un de ces gâteaux que les petits riches jetaient aux chiens : « Puisqu'il faut qu'il y ait des riches et des pauvres, pourquoi ne sommes-nous pas nés riches? c'est injuste... Pourquoi chacun n'a-t-il pas son tour? » Sans doute, mes enfants, ce qu'ils disent là est déraisonnable... et ne sert pas à leur faire paraître leur joug plus léger; et pourtant ce joug dur et pesant qui quelquefois blesse, écrase, il leur faut le porter sans relâche, et cela sans espoir de se reposer jamais... et de connaître un jour, un seul jour, le bonheur que donne l'aisance... Toute la vie comme ça, dame! ça paraît long... long comme un jour de pluie sans un seul petit rayon de soleil. Alors on va à l'ouvrage avec tristesse et dégoût. Finalement, la plupart des gagés se disent : — A quoi bon travailler mieux et davantage! que l'épi soit lourd ou léger, ça m'est tout un! A quoi bon me crever de beau zèle? Restons strictement honnêtes; le mal est puni, ne faisons pas le mal; le bien est sans récompense, ne faisons pas le bien... Ayons les qualités des bonnes bêtes de somme : patience, force et docilité... Ces pensers-là sont malsains; mes enfants... de cette insouciance à la fainéantise il n'y a pas loin, et de la fainéantise au vice il y a moins loin encore... Malheureusement, ceux-là qui, ni bons ni méchants, ne font ni bien ni mal, sont le plus grand nombre; c'est donc ceux-là, a dit notre maître, qu'il faut améliorer, ni plus ni moins que s'ils avaient l'honneur d'être des chevaux, des bêtes à cornes ou à laine... Faisons qu'ils aient intérêt à être actifs, sages, laborieux, instruits et dévoués à leurs devoirs... prouvons-leur qu'en devenant meilleurs ils deviendront matériellement plus heureux... tout le monde y gagnera... Pour que les bons conseils leur profitent, donnons-leur ici-bas comme qui dirait un brin l'avant-goût du bonheur qui attend les justes là-haut...

Son plan bien arrêté, notre maître a fait savoir dans les environs, qu'il lui fallait six laboureurs et autant de femmes ou filles de ferme; mais il voulait choisir ce monde-là parmi les meilleurs sujets du pays, d'après les renseignements qu'il ferait prendre chez les maires, chez les curés ou ailleurs. On devait être payé comme nous le sommes, c'est-à-dire comme des princes, nourri mieux que des bourgeois, et partager entre tous les travailleurs un cinquième des produits de la récolte; on resterait deux ans à la ferme, pour faire ensuite place à d'autres laboureurs choisis aux mêmes conditions; après cinq ans révolus, on pourrait se représenter s'il y avait des vacances... Aussi, depuis la fondation de la ferme, laboureurs et journaliers se disent dans les environs : Soyons actifs, honnêtes, laborieux, faisons-nous remarquer par notre bonne conduite, et nous pourrons un jour avoir une des places de la ferme de Bouqueval; là nous vivrons comme en paradis durant deux ans; nous nous perfectionnerons dans notre état; nous emporterons un bon pécule, et par là-dessus, en sortant d'ici, c'est à qui voudra nous engager, puisque pour entrer ici il faut un brevet d'excellent sujet.

— Je suis déjà retenu pour entrer à la ferme d'Arnouville, chez M. Dubreuil — dit Jean René.

— Et moi, je suis engagé pour Gonesse — reprit un autre laboureur.

— Vous le voyez, mon brave homme, à cela tout le monde gagne : les fermiers des environs profitent doublement : il n'y a que douze places d'hommes et de femmes à donner, mais il se forme peut-être cinquante bons sujets dans le canton pour y prétendre ; or ceux qui n'auront pas eu les places n'en resteront pas moins bons sujets, n'est-ce pas ? et, comme on dit, les morceaux en seront et en resteront toujours bons, car si on n'a pas la chance une fois, on espère l'avoir une autre ; en fin de compte, ça fait nombre de braves gens de plus. Tenez... parlant par respect, pour un cheval ou pour un bétail qui gagne le prix de vitesse, de force ou de beauté, on fait cent élèves capables de disputer ce prix. Eh bien ! ceux de ces cent élèves qui ne l'ont pas remporté, ce prix, n'en restent pas moins bons et vaillants... Hein ? mon brave homme, quand je vous disais que notre ferme n'était pas une ferme ordinaire, et que notre maître n'était pas un maître ordinaire ?

— Oh ! non sans doute... — s'écria le Maître d'école — et plus sa bonté, sa générosité me semblent grandes, plus j'espère qu'il prendra en pitié mon triste sort. Un homme qui fait le bien si noblement, avec tant d'intelligence, ne doit pas regarder à un bienfait de plus ou de moins.

— Au contraire, il y regarde, mon brave — dit le père Châtelain ; — mais pour avoir à se glorifier d'une bonne action nouvelle, ce m'est avis que nous vous reverrons, bien sûr, à la ferme, et que ce n'est pas la dernière fois que vous vous asseyez à cette table !

— N'est-ce pas ? Tenez, malgré moi j'espère... — Oh ! si vous saviez comme je suis heureux et reconnaissant ! — s'écria le Maître d'école.

— Je n'en doute pas, il est si bon, notre maître !

— Mais que je sache donc au moins son nom et aussi celui de la *Dame-de-Bon-Secours* — dit vivement le Maître d'école — que je puisse bénir d'avance ces nobles noms.

— Je comprends votre impatience — dit le laboureur. — Ah ! dame, vous vous attendez peut-être à des noms à grand fracas ? Ah bien oui ! ce sont des noms simples et doux comme ceux des saints. *Notre-Dame-de-Bon-Secours* s'appelle *madame Georges*... notre maître s'appelle *M. Rodolphe.*

— Ma femme!.. mon bourreau!.. — murmura le brigand, foudroyé par cette révélation.

CHAPITRE IX.

LA NUIT.

—Rodolphe!!! Madame Georges!!!

Le Maître d'école ne pouvait se croire abusé par une fortuite ressemblance de noms; avant de le condamner à un terrible supplice, Rodolphe lui avait dit porter à madame Georges un vif intérêt. Enfin, la présence récente du nègre David dans cette ferme prouvait au Maître d'école qu'il ne se trompait pas.

Il reconnut quelque chose de providentiel, de fatal dans cette dernière rencontre qui renversait les espérances qu'il avait un moment fondées sur la générosité du maître de cette ferme.

Son premier mouvement fut de fuir.

Rodolphe lui inspirait une invincible terreur ; peut-être se trouvait-il à cette heure dans la ferme... A peine remis de sa stupeur, le brigand se leva de table, prit la main de Tortillard, et s'écria d'un air égaré :

—Allons-nous-en... conduis-moi... sortons d'ici !

Les laboureurs se regardèrent avec surprise.

—Vous en aller... maintenant? Vous n'y pensez pas, mon pauvre homme—dit le père Châtelain.—Ah çà! quelle mouche vous pique? est-ce que vous êtes fou?...

Tortillard saisit adroitement cet à-propos, poussa un long soupir, fit un signe de tête affirmatif; et, mettant son index sur son front, il donna ainsi à entendre aux laboureurs que la raison de son prétendu père n'était pas fort saine.

Le vieux laboureur lui répondit par un signe d'intelligence et de compassion.

—Viens, viens, sortons!—répéta le Maître d'école en cherchant à entraîner l'enfant.

Tortillard, absolument décidé à ne pas

quitter un bon gîte pour courir les champs par cette froidure, dit d'une voix dolente :

—Mon Dieu! pauvre papa, c'est ton accès qui te reprend ; calme-toi, ne sors pas par le froid de la nuit... ça te ferait mal... J'aimerais mieux, vois-tu, avoir le chagrin de te désobéir que de te conduire hors d'ici à cette heure. — Puis, s'adressant aux laboureurs: —N'est-ce pas, mes bons messieurs, que vous m'aiderez à empêcher mon pauvre papa de sortir?

—Oui, oui, sois tranquille, mon enfant —dit le père Châtelain—nous n'ouvrirons pas à ton père... Il sera bien forcé de coucher à la ferme !

—Vous ne me forcerez pas à rester ici ! — s'écria le Maître d'école ; — et puis d'ailleurs je gênerais votre maître... monsieur... Rodolphe... Vous m'avez dit que la ferme n'était pas un hospice. Ainsi, encore une fois, laissez-moi sortir...

— Gêner notre maître... Soyez tranquille... Malheureusement il n'habite pas à la ferme, il n'y vient pas aussi souvent que nous le vou drions... Mais serait-il ici, que vous ne le gêneriez pas du tout... Cette maison n'est pas un hospice, c'est vrai; mais je vous ai dit que les infirmes aussi à plaindre que vous pouvaient y passer un jour et une nuit...

— Votre maître n'est pas ici... ce soir? — demanda le Maître d'école d'un ton moins effrayé.

— Non; il doit venir, selon son habitude, dans cinq ou six jours. Ainsi, vous le voyez, vos craintes n'ont pas de sens... Il n'est pas probable que notre bonne dame descende maintenant; sans cela elle vous rassurerait. N'a-t-elle pas ordonné qu'on fasse votre lit ici? Du reste, si vous ne la voyez pas ce soir, vous lui parlerez demain avant votre départ... Vous lui ferez votre petite supplique, afin qu'elle intéresse notre maître à votre sort, et qu'il vous garde à la ferme...

— Non, non! — dit le brigand avec terreur — j'ai changé d'idée... mon fils a raison : ma parente de Louvres aura pitié de moi... J'irai la trouver.

— Comme vous voudrez — dit complaisamment le père Châtelain, croyant avoir affaire à un homme dont le cerveau était un peu fêlé. — Vous partirez demain matin. Quant à continuer votre route ce soir avec ce pauvre petit, n'y comptez pas; nous y mettrons bon ordre.

Quoique Rodolphe ne fût pas à Bouqueval, les terreurs du Maître d'école étaient loin de se calmer; bien qu'affreusement défiguré, il craignait encore d'être reconnu par sa femme, qui d'un moment à l'autre pouvait descendre; et dans ce cas, il était persuadé qu'elle le dénoncerait et le ferait arrêter, car il avait toujours pensé que Rodolphe, en lui infligeant un châtiment aussi terrible, avait voulu surtout satisfaire à la haine et à la vengeance de madame Georges.

Mais le brigand ne pouvait quitter la ferme, il se trouvait à la merci de Tortillard. Il se résigna donc; et pour éviter d'être surpris par sa femme, il dit au laboureur :

— Puisque vous m'assurez que cela ne gênera pas votre maître ni votre dame... j'accepte l'hospitalité que vous m'offrez; mais, comme je suis très-fatigué, je vais, si vous le permettez, aller me coucher : je voudrais repartir demain matin au point du jour.

— Oh! demain matin, à votre aise! on est matinal ici; et de peur que vous ne vous égariez de nouveau, on vous mettra dans votre route.

— Moi, si vous voulez, j'irai conduire ce pauvre homme un bon bout de chemin — dit Jean-René — puisque madame m'a dit de prendre la carriole pour aller chercher demain des sacs d'argent chez le notaire, à Villiers-le-Bel.

— Tu mettras ce pauvre aveugle dans sa route, mais tu iras sur tes jambes — dit le père Châtelain. — Madame a changé d'avis tantôt; elle a réfléchi avec raison que ce n'était pas la peine d'avoir à la ferme et à l'avance une si grosse somme; il sera temps d'aller lundi prochain à Villiers-le-Bel; jusque-là l'argent est aussi bien chez le notaire qu'ici.

— Madame sait mieux que moi ce qu'elle a à faire; mais qu'est-ce qu'il y a à craindre ici pour l'argent, père Châtelain?

— Rien, mon garçon, Dieu merci! Mais

c'est égal, j'aimerais mieux avoir ici cinq cents sacs de blé que dix sacs d'écus.

— Voyons — reprit le père Châtelain en s'adressant au brigand et à Tortillard — venez, mon brave homme; et toi, suis-moi, mon enfant — ajouta-t-il en prenant un flambeau. Puis, précédant les deux hôtes de la ferme, il les conduisit dans une petite chambre du rez-de-chaussée, où ils arrivèrent après avoir traversé un large corridor sur lequel s'ouvraient plusieurs portes.

Le laboureur posa la lumière sur une table et dit au Maître d'école :

— Voici votre gîte; que le bon Dieu vous donne une nuit franche, mon brave homme! Quant à toi, mon enfant, tu dormiras bien, c'est de ton âge.

Le brigand alla s'asseoir, sombre et pensif, sur le bord du lit auprès duquel il fut conduit par Tortillard.

Le petit boiteux fit un signe d'intelligence au laboureur au moment où celui-ci sortait de la chambre, et le rejoignit dans le corridor.

— Que veux-tu, mon enfant? — lui demanda le père Châtelain.

— Mon Dieu! mon bon monsieur, je suis bien à plaindre! quelquefois mon pauvre papa a des attaques pendant la nuit, c'est comme des convulsions; je ne puis le secourir à moi tout seul : si j'étais obligé d'appeler du secours... est-ce qu'on m'entendrait d'ici?

— Pauvre petit! — dit le laboureur avec intérêt — sois tranquille... Tu vois bien cette porte-là, à côté de l'escalier?

— Oui, mon bon monsieur, je la vois...

— Eh bien! un de nos valets de ferme couche toujours là; tu n'aurais qu'à aller l'éveiller, la clef est à sa porte; il viendrait t'aider à secourir ton père.

— Hélas! monsieur, ce garçon de ferme et moi nous ne viendrions peut-être pas à bout de mon pauvre papa si ses convulsions le prenaient... Est-ce que vous ne pourriez pas venir aussi, vous qui avez l'air si bon... si bon?

— Moi, mon enfant, je couche, ainsi que les autres laboureurs, dans un corps de logis tout au fond de la cour. Mais rassure-toi, Jean-René est vigoureux, il abattrait un taureau par les cornes. D'ailleurs, s'il fallait quelqu'un pour vous aider, il irait avertir notre vieille cuisinière : elle couche au premier à côté de notre dame et de notre demoiselle... et au besoin la bonne femme sert de garde-malade, tant elle est soigneuse.

— Oh! merci, merci! mon digne monsieur, je vas prier le bon Dieu pour vous, car vous êtes bien charitable d'avoir comme cela pitié de mon pauvre papa...

— Bien, mon enfant... Allons, bonsoir; il faut espérer que tu n'auras besoin du secours de personne pour contenir ton père. Rentre, il t'attend peut-être.

— J'y cours. Bonne nuit, monsieur.

— Dieu te garde, mon enfant!..

Et le vieux laboureur s'éloigna.

A peine eut-il le dos tourné, que le petit boiteux lui fit ce geste suprêmement moqueur et insultant, familier aux *gamins* de Paris : geste qui consiste à se frapper la nuque du plat de la main gauche, et à plusieurs reprises, en lançant chaque fois en avant la main droite tout ouverte.

Avec une astuce diabolique, ce dangereux enfant venait de surprendre une partie des renseignements qu'il voulait avoir pour servir les sinistres projets de la Chouette et du Maître d'école. Il savait déjà que le corps de logis où il allait coucher n'était habité que par madame Georges, Fleur-de-Marie, une vieille cuisinière et un garçon de ferme.

Tortillard, en rentrant dans la chambre qu'il occupait avec le Maître d'école, se garda bien de s'approcher de lui. Ce dernier l'entendit et lui dit à voix basse :

— D'où viens-tu encore, gredin?

— Vous êtes bien curieux, *sans yeux*...

— Oh! tu vas me payer tout ce que tu m'as fait souffrir et endurer ce soir, enfant de malheur! — s'écria le Maître d'école; et il se leva furieux, cherchant Tortillard à tâtons, en s'appuyant aux murailles pour se guider. — Je t'étoufferai, va! méchante vipère!..

— Pauvre papa... nous sommes donc bien gai, que nous jouons à Colin-Maillard avec notre petit enfant chéri? — dit Tortillard en ricanant et en échappant le plus facilement du monde aux poursuites du Maître d'école.

Celui-ci, d'abord emporté par un mouvement de colère irréfléchi, fut bientôt obligé, comme toujours, de renoncer à atteindre le fils de Bras-Rouge.

Forcé de subir sa persécution effrontée jusqu'au moment où il pourrait se venger sans péril, le brigand, dévorant son courroux impuissant, se jeta sur son lit en blasphémant.

— Pauvre papa... est-ce que tu as une rage de dents... que tu jures comme ça? Et M. le curé, qu'est-ce qu'il dirait s'il t'entendait?.. il te mettrait en pénitence...

— Bien! bien! — reprit le brigand d'une voix sourde et contrainte après un long silence — raille-moi, abuse de mon malheur... lâche que tu es!.. c'est beau, va! c'est généreux!

— Oh! c'te balle! généreux! Que ça de toupet! — s'écria Tortillard en éclatant de rire; — excusez!.. avec ça que vous mettiez des mitaines pour ficher des volées à tout le monde à tort et à travers, quand vous n'étiez pas borgne de chaque œil!

— Mais je ne t'ai jamais fait de mal... à toi... Pourquoi me tourmentes-tu ainsi?

— Parce que vous avez dit des sottises à la Chouette d'abord... Et quand je pense que monsieur voulait se donner le genre de rester ici, en faisant le câlin avec les paysans... Monsieur voulait peut-être se mettre au lait d'ânesse?

— Gredin que tu es! si j'avais eu la possibilité de rester à cette ferme, que le tonnerre écrase maintenant! tu m'en aurais presque empêché, avec tes insolences...

— Vous! rester ici! en voilà une farce! Et qu'est-ce qui aurait été la bête de souffrance de *madame la Chouette?* Moi peut-être? Merci, je sors d'en prendre!

— Méchant avorton!..

— Avorton! tiens, raison de plus; je dis comme *ma tante* la Chouette, il n'y a rien de plus amusant que de vous faire rager à mort... vous qui me tueriez d'un coup de poing...

c'est bien plus *délicat* que si vous étiez faible...
Vous étiez joliment drôle, allez, ce soir à table... Dieu de Dieu! quelle comédie je me donnais à moi tout seul... un vrai *pourtour* de la Gaîté! A chaque coup de pied que je vous allongeais en sourdine, la colère vous portait le sang à la tête et vos yeux blancs devenaient rouges au bord; il ne leur manquait qu'un petit peu de bleu au milieu; avec ça ils auraient été tricolores... deux vraies cocardes de sergent de ville, quoi!..

— Allons, voyons, tu aimes à rire, tu es gai... bah... c'est de ton âge; je ne me fâche pas—dit le Maître d'école d'un ton affectueux et dégagé, espérant apitoyer Tortillard; — mais au lieu de rester là à me blaguer, tu ferais mieux de te souvenir de ce que t'a dit la Chouette, que tu aimes tant; tu devrais tout examiner, prendre des empreintes. As-tu entendu? ils ont parlé d'une grosse somme d'argent qu'ils auront ici lundi... Nous y reviendrions avec les amis et nous ferions un bon coup... Bah! j'étais bien bête de vouloir rester ici... j'en aurais eu assez au bout de huit jours, de ces bonasses de paysans... n'est-ce pas, mon garçon?—dit le brigand pour flatter Tortillard.

— Vous m'auriez fait de la peine, parole d'honneur—dit le fils de Bras-Rouge en ricanant.

—Oui, oui, il y a un bon coup à faire ici... Et quand même il n'y aurait rien à voler, je reviendrais dans cette maison avec la Chouette pour me venger—dit le brigand d'une voix altérée par la fureur et par la haine;—car c'est, bien sûr, ma femme qui a excité contre moi cet infernal Rodolphe; et en m'aveuglant ne m'a-t-il pas mis à la merci de tout le monde... de la Chouette, d'un gamin comme toi... Eh bien! puisque je ne peux pas me venger sur lui... je me vengerai sur ma femme!... Oui, elle payera pour tous... quand je devrais mettre le feu à cette maison et m'ensevelir moi-même sous ses décombres... Oh! je voudrais!... je voudrais!...

—Vous voudriez bien la tenir, votre femme, hein, vieux? Et dire qu'elle est à dix pas de vous... c'est ça qu'est vexant! Si je voulais, je vous conduirais à la porte de sa chambre...

moi... car je sais où elle est, sa chambre... Je le sais, je le sais, je le sais! — ajouta Tortillard en chantonnant selon son habitude.

— Tu sais où est sa chambre? — s'écria le Maître d'école avec une joie féroce — tu le sais?...

— Je vous vois venir — dit Tortillard; — je vas vous faire faire le beau sur vos pattes de derrière, comme un chien à qui on montre un os... Attention, vieux Azor!

— Tu sais où est la chambre de ma femme? — répéta le brigand en se tournant du côté où il entendait la voix de Tortillard.

— Oui, je le sais; et ce qu'il y a de fameux, c'est qu'un seul garçon de ferme couche dans le corps de logis où nous sommes; je sais où est sa porte, la clef est après: crac! un tour, et il est enfermé... Allons, debout, vieux Azor!

— Qui t'a dit cela? — s'écria le brigand en se levant involontairement.

— Bien, Azor... A côté de la chambre de votre femme couche une vieille cuisinière... un autre tour de clef, et nous sommes maîtres de la maison, maîtres de votre femme et de la jeune fille à la mante grise que nous venions enlever... Maintenant, la patte, vieux Azor, faites le beau pour ce maître! tout de suite.

— Tu mens, tu mens... Comment saurais-tu cela?

— Moi boiteux, mais moi pas bête... Tout à l'heure j'ai inventé de dire à ce vieux bibard de laboureur que la nuit vous aviez quelquefois des convulsions, et je lui ai demandé où je pourrais trouver du secours si vous aviez votre attaque... Alors il m'a répondu que, si ça vous prenait, je pourrais éveiller le valet et la cuisinière, et il m'a enseigné où ils couchaient... l'un en bas, l'autre en haut... au premier, à côté de votre femme, votre femme! votre femme!...

Et Tortillard de répéter son chant monotone.

Après un long silence, le Maître d'école lui dit d'une voix calme, avec une sincère et effrayante résolution :

— Écoute... J'ai assez de la vie... Tout à l'heure... eh bien! oui... je l'avoue... j'ai eu une espérance qui me fait maintenant paraître mon sort plus affreux encore... La prison, le bagne, la guillotine, ne sont rien auprès de ce que j'endure depuis ce matin... et cela, j'aurai à l'endurer toujours... Conduis-moi à la chambre de ma femme ; j'ai là mon couteau... je la tuerai... On me tuera après, ça m'est égal... La haine m'étouffe... Je serai vengé... ça me soulagera... Ce que j'endure, c'est trop, c'est trop ! pour moi devant qui tout tremblait. Tiens, vois-tu... si tu savais ce que je souffre... tu aurais pitié de moi... Depuis un instant il me semble que mon crâne va éclater... mes veines battent à se rompre... mon cerveau s'embarrasse...

— Un rhume de cerveau, vieux ?... connu... Éternuez... ça le purge... — dit Tortillard, en éclatant encore de rire. — Voulez-vous une prise ?

Et, frappant bruyamment sur le dos de sa main gauche fermée, comme il eût frappé sur le couvercle d'une tabatière, il chantonna :

J'ai du bon tabac dans ma tabatière ;
J'ai du bon tabac, tu n'en auras pas.

— Oh ! mon Dieu ! mon Dieu ! ils veulent

me rendre fou!—s'écria le brigand, devenu véritablement presque insensé par une sorte d'éréthisme de vengeance sanguinaire, ardente, implacable, qui cherchait en vain à s'assouvir.

L'exubérance des forces de ce monstre ne pouvait être égalée que par leur impuissance.

Qu'on se figure un loup affamé, furieux, hydrophobe, harcelé pendant tout un jour par un enfant à travers les barreaux de sa cage, et sentant à deux pas de lui une victime qui satisferait à la fois et sa faim et sa rage.

Au dernier sarcasme de Tortillard, le brigand perdit presque la tête.

A défaut de victime, il voulut, dans sa frénésie, répandre son propre sang... le sang l'étouffait.

Un moment il fut décidé à se tuer; il aurait eu à la main un pistolet armé, qu'il n'eût pas hésité. Il fouilla dans sa poche, en tira un long couteau-poignard, l'ouvrit, le leva pour s'en frapper... Mais, si rapides que fussent ces mouvements, la réflexion, la peur, l'instinct vital les devancèrent.

Le courage manqua au meurtrier, son bras armé retomba sur ses genoux.

Tortillard avait suivi ses mouvements d'un œil attentif; lorsqu'il vit le dénouement inoffensif de cette velléité tragique, il s'écria en ricanant :

— Garçon, un duel!.. plumez les canards...

Le Maître d'école, craignant de perdre la raison dans un dernier et inutile éclat de fureur, ne voulut pas, si cela se peut dire, entendre cette nouvelle insulte de Tortillard, qui raillait si insolemment la lâcheté de cet assassin reculant devant le suicide. Désespérant d'échapper à ce qu'il appelait, par une sorte de fatalité vengeresse, la *cruauté* de cet enfant maudit, le brigand voulut tenter un dernier effort en s'adressant à la cupidité du fils de Bras-Rouge.

— Oh! — lui dit-il d'une voix presque suppliante — conduis-moi à la porte de ma femme; tu prendras tout ce que tu voudras dans sa chambre, et puis tu te sauveras; tu me laisseras seul... tu crieras au meurtre, si tu veux! On m'arrêtera, on me tuera sur la place... tant mieux!.. je mourrai vengé, puisque je n'ai pas le courage d'en finir... Oh! conduis-moi... conduis-moi; il y a, bien sûr, chez elle de l'or, des bijoux; je te dis que tu prendras tout... pour toi tout seul... entends-tu... pour toi tout seul... je ne te demande que de me conduire à la porte, près d'elle...

— Oui... j'entends bien; vous voulez que je vous mène à sa porte... et puis à son lit... et puis que je vous dise où frapper, et puis que je vous guide le bras, n'est-ce pas? Vous voulez enfin me faire servir de manche à votre couteau!... vieux monstre! — reprit Tortillard avec une expression de mépris, de colère et d'horreur qui, pour la première fois de la journée, rendit sérieuse sa figure de fouine, jusqu'alors railleuse et effrontée. — On me tuerait plutôt... entendez-vous... que de me forcer à vous conduire chez votre femme.

— Tu refuses?

Le fils de Bras-Rouge ne répondit rien.

Il s'approcha pieds nus et sans être entendu du Maître d'école, qui, assis sur son lit, tenait toujours son grand couteau à la main; puis, avec une adresse et une prestesse merveilleuses, Tortillard lui enleva cette arme et fut d'un bond à l'autre bout de la chambre.

— Mon couteau! mon couteau! — s'écria le brigand en étendant les bras.

— Non, car vous seriez capable de demander demain matin à parler à votre femme et de vous jeter sur elle pour la tuer... puisque vous avez assez de la vie, comme vous dites, et que vous êtes assez poltron pour ne pas oser vous tuer vous-même...

— Il défend ma femme contre moi maintenant! — s'écria le bandit, dont la pensée commençait à s'obscurcir. — C'est donc le démon que ce petit monstre? Où suis-je? pourquoi la défend-il?

— Pour te faire bisquer... — dit Tortillard — et sa physionomie reprit son masque d'impudente raillerie.

— Ah! c'est comme ça! — murmura le Maître d'école, dans un complet égarement — eh bien! je vais mettre le feu à la maison!.. nous brûlerons tous!... tous... j'aime mieux cette fournaise-là que l'autre... La chandelle... la chandelle...

— Ah! ah! ah! — s'écria Tortillard en éclatant de rire de nouveau; si on ne t'avait pas soufflé ta chandelle... à toi... et pour toujours... tu verrais que la nôtre est éteinte depuis une heure...

Et Tortillard de dire en chantonnant :

> Ma chandelle est morte,
> Je n'ai plus de feu......

Le Maître d'école poussa un sourd gémissement, étendit les bras et tomba de toute sa hauteur sur le carreau, la face contre terre, frappé d'un coup de sang, et il resta sans mouvement.

— Connu, vieux!.. — dit Tortillard; — c'est une frime pour me faire venir auprès de toi et pour me ficher une ratapiole...

Quand tu auras assez fait la planche sur le carreau, tu te relèveras.

Et le fils de Bras-Rouge, décidé à ne pas s'endormir, de crainte d'être surpris à tâtons par le Maître d'école, resta assis sur sa chaise, les yeux attentivement fixés sur le brigand, persuadé que celui-ci lui tendait un piége, et ne le croyant nullement en danger.

Pour s'occuper agréablement, Tortillard tira mystérieusement de sa poche une petite bourse de soie rouge, et compta lentement et avec des regards de convoitise et de jubilation dix-sept pièces d'or qu'elle contenait.

Voici la source des richesses mal acquises de Tortillard :

On se souvient que madame d'Harville allait être surprise par son mari lors du fatal rendez-vous qu'elle avait accordé au commandant. Rodolphe, en donnant une bourse à la jeune femme, lui avait dit de monter au cinquième étage chez les Morel, sous le prétexte de leur apporter des secours. Madame d'Harville gravissait rapidement l'escalier, tenant la bourse à la main, lorsque Tortillard, descendant de chez le charlatan, guigna la bourse de l'œil, fit semblant de tomber en passant auprès de la marquise, la heurta, et, dans le choc, lui enleva subtilement la bourse. Madame d'Harville, éperdue, entendant les pas de son mari, s'était hâtée d'arriver au cinquième, sans pouvoir se plaindre du vol audacieux du petit boiteux.

Après avoir compté et recompté son or, Tortillard, n'entendant plus aucun bruit dans la ferme, alla pieds nus, l'oreille au guet, abritant sa lumière dans sa main, prendre des empreintes de quatre portes qui ouvraient sur le corridor, prêt à dire, si on le surprenait hors de sa chambre, qu'il allait chercher du secours pour son père.

En rentrant, Tortillard trouva le Maître d'école toujours étendu par terre... Un moment inquiet, il prêta l'oreille, il entendit le brigand respirer librement : il crut qu'il prolongeait indéfiniment sa ruse.

— Toujours du même, donc, vieux? — lui dit-il.

Un hasard avait sauvé le Maître d'école d'une congestion cérébrale sans doute mortelle. Sa chute avait occasionné un salutaire et abondant saignement de nez.

Il tomba ensuite dans une sorte de torpeur fiévreuse, moitié sommeil, moitié délire; et il fit alors ce rêve étrange! ce rêve épouvautable!..

CHAPITRE X.

LE RÊVE.

Tel est le rêve du Maître d'école :

Il revoit Rodolphe dans la maison de l'allée des Veuves.

Rien n'est changé dans le salon où le brigand a subi son horrible supplice.

Rodolphe est assis derrière la table où se trouvent les papiers du Maître d'école et le petit saint-esprit de lapis qu'il a donné à la Chouette.

La figure de Rodolphe est grave, triste.

A sa droite le nègre David, impassible, silencieux, se tient debout; à sa gauche est le Chourineur, il regarde cette scène d'un air épouvanté.

Le Maître d'école n'est plus aveugle, mais il voit à travers un sang limpide qui remplit la cavité de ses orbites...

Tous les objets lui paraissent colorés d'une teinte rouge.

Ainsi que les oiseaux de proie planent immobiles dans les airs au-dessus de la victime qu'ils fascinent avant de la dévorer, une chouette monstrueuse, ayant pour tête le hideux visage de la borgnesse, plane au-dessus du Maître d'école... Elle attache incessamment sur lui un œil rond, flamboyant, verdâtre.

Ce regard continu pèse sur sa poitrine d'un poids immense.

De même qu'en s'habituant à l'obscurité on finit par y distinguer des objets d'abord imperceptibles, le Maître d'école s'aperçoit qu'un immense lac de sang le sépare de la table où siège Rodolphe.

Ce juge inflexible prend peu à peu, ainsi que le Chourineur et le nègre, des proportions colossales... Ces trois fantômes atteignent en grandissant les frises du plafond, qui s'élèvent à mesure.

Le lac de sang est calme, uni comme un miroir rouge.

Le Maître d'école voit s'y refléter sa hideuse image.

Mais bientôt cette image s'efface sous le bouillonnement des flots qui s'enflent.

De leur surface agitée s'élève comme l'exhalaison fétide d'un marécage, d'un brouillard livide de cette couleur violâtre particulière aux lèvres des trépassés.

Mais à mesure que ce brouillard monte, monte... les figures de Rodolphe, du Chourineur et du nègre continuent de grandir, de grandir d'une manière incommensurable, et dominent toujours cette vapeur sinistre.

Au milieu de cette vapeur, le Maître d'école voit apparaître des spectres pâles, des scènes meurtrières dont il est l'acteur...

Dans ce fantastique mirage il voit d'abord un petit vieillard à crâne chauve : il porte une redingote brune et un garde-vue de soie verte ; il est occupé, dans une chambre délabrée, à compter et à ranger des piles de pièces d'or, à la lueur d'une lampe.

Au travers de la fenêtre éclairée par une lune blafarde, qui blanchit la cime de quelques grands arbres agités par le vent, le Maître d'école se voit lui-même en dehors... collant à la vitre son horrible visage.

Il suit les moindres mouvements du petit vieillard avec des yeux flamboyants... puis il brise un carreau, ouvre la croisée, saute d'un bond sur sa victime, et lui enfonce un long couteau entre les deux épaules.

L'action est si rapide, le coup si prompt, si sûr, que le cadavre du vieillard reste assis sur la chaise...

Le meurtrier veut retirer son couteau... de ce corps mort.

Il ne le peut pas...

Il redouble d'efforts...

Ils sont vains.

Il veut alors abandonner son couteau...

Impossible...

La main de l'assassin tient au manche du poignard, comme la lame du poignard tient au cadavre de l'assassiné...

Le meurtrier entend alors résonner des éperons et retentir des sabres sur les dalles d'une pièce voisine.

Pour s'échapper à tout prix, il veut emporter avec lui le corps chétif du vieillard, dont il ne peut détacher ni son couteau ni sa main....

Il ne peut y parvenir...

Ce frêle petit cadavre pèse comme une masse de plomb.

Malgré ses épaules d'hercule, malgré ses efforts désespérés, le Maître d'école ne peut même soulever ce poids énorme.

Le bruit de pas retentissants et de sabres traînants se rapproche de plus en plus...

La clef tourne dans la serrure. La porte s'ouvre...

La vision disparaît...

Et alors la chouette bat des ailes en criant :

— C'EST LE VIEUX RICHARD DE LA RUE DU ROULE... TON DÉBUT D'ASSASSIN... D'ASSASSIN... D'ASSASSIN !..

Un moment obscurcie, la vapeur qui couvre le lac de sang redevient transparente, et laisse apercevoir un autre spectre...

Le jour commence à poindre, le brouillard est épais et sombre... un homme, vêtu comme le sont les marchands de bestiaux, est étendu mort sur la berge d'un grand chemin. La terre foulée, le gazon arraché prouvent que la victime a fait une résistance désespérée...

Cet homme a cinq blessures saignantes à la poitrine... Il est mort, et pourtant il siffle ses chiens, il appelle à son secours en criant : *A moi!.. à moi!*

Mais il siffle, mais il appelle par ses cinq larges plaies dont les bords béants... s'agitent comme des lèvres qui parlent...

Ces cinq appels, ces cinq sifflements simultanés, sortant de ce cadavre par la *bouche* de ses blessures, sont effrayants à entendre...

A ce moment la chouette agite ses ailes, et parodie les gémissements funèbres de la victime en poussant cinq éclats de rire, mais d'un rire strident, farouche comme le rire des fous, et elle s'écrie :

Le marchand de boeufs de Poissy... assassin !.. assassin !.. assassin !..

Des échos souterrains prolongés répètent d'abord très-haut les rires sinistres de la chouette, puis ils semblent aller se perdre dans les entrailles de la terre.

A ce bruit, deux grands chiens noirs comme l'ébène, aux yeux étincelants comme des tisons, et toujours attachés sur le Maître d'école, commencent à aboyer et à tourner... à tourner... à tourner autour de lui avec une rapidité vertigieuse.

Ils le touchent presque, et leurs abois sont si lointains, qu'ils paraissent apportés par le vent du matin.

Peu à peu les spectres pâlissent, s'effacent comme des ombres, et disparaissent dans la vapeur livide qui monte toujours.

Une nouvelle exhalaison couvre la surface du lac de sang et s'y superpose.

C'est une sorte de brume verdâtre, transparente; on dirait la coupe verticale d'un canal rempli d'eau.

D'abord on voit le lit du canal recouvert d'une vase épaisse composée d'innombrables reptiles ordinairement imperceptibles à l'œil, mais qui, grossis comme si on les voyait au microscope, prennent des aspects monstrueux, des proportions énormes relativement à leur grosseur réelle.

Ce n'est plus de la bourbe, c'est une masse compacte vivante, grouillante, un enchevêtrement inextricable qui fourmille et pullule, si pressé, si serré, qu'une sourde et imperceptible ondulation soulève à peine le niveau de cette vase ou plutôt de ce banc d'animaux impurs.

Au-dessus coule lentement, lentement, une eau fangeuse, épaisse, morte, qui charrie dans son cours pesant les immondices incessamment vomis par les égouts d'une grande ville, des débris de toutes sortes, des cadavres d'animaux...

Tout à coup le Maître d'école entend le bruit d'un corps qui tombe lourdement à l'eau.

Dans son brusque reflux, cette eau lui jaillit au visage...

LE RÊVE.

A travers une foule de bulles d'air qui remontent à la surface du canal, il voit s'y engouffrer rapidement une femme qui se débat... qui se débat...

Et il se voit, lui et la Chouette, se sauver précipitamment des bords du canal Saint-Martin en emportant une caisse enveloppée de toile noire.

Néanmoins il assiste à toutes les phases de l'agonie de la victime que lui et la Chouette viennent de jeter dans le canal.

Après cette première immersion, il voit la femme remonter à fleur d'eau et agiter précipitamment ses bras, comme quelqu'un qui, ne sachant pas nager, essaie en vain de se sauver.

Puis il entend un grand cri.

Ce cri extrême, désespéré, se termine par le bruit sourd, saccadé, d'une ingurgitation involontaire... et la femme redescend une seconde fois au-dessous de l'eau.

La Chouette, qui plane toujours immobile, parodie le râle convulsif de la noyée, comme elle a parodié les gémissements du marchand de bestiaux.

Au milieu d'éclats de rire funèbres, la chouette répète :

— *Glou... glou... glou...*

Les échos souterrains redisent ces cris.

Submergée une seconde fois, la femme suffoque et fait malgré elle un violent mouvement d'aspiration; mais, au lieu d'air, c'est encore de l'eau qu'elle aspire...

Alors sa tête se renverse en arrière, son visage s'injecte et bleuit, son cou devient livide et gonflé, ses bras se roidissent, et, dans une dernière convulsion, la noyée agonisante agite ses pieds qui reposaient sur la vase.

Elle est alors entourée d'un nuage de bourbe noirâtre qui remonte avec elle à la surface de l'eau.

A peine la noyée exhale-t-elle son dernier souffle, qu'elle est déjà couverte d'une myriade de reptiles microscopiques, vorace et horrible vermine de la bourbe...

Le cadavre reste un moment à flot, oscille encore quelque peu, puis s'abîme lentement, horizontalement, les pieds plus bas que la tête; et commence à suivre entre deux eaux le courant du canal.

Quelquefois le cadavre tourne sur lui-même, et son visage se trouve en face du Maître d'école; alors le spectre le regarde fixement de ses deux gros yeux glauques, vitreux, opaques... ses lèvres violettes s'agitent...

Le Maître d'école est loin de la noyée, et pourtant elle lui murmure à l'oreille... *glou... glou... glou...* en accompagnant ces mots bizarres du bruit singulier que fait un flacon submergé en se remplissant d'eau.

La chouette répète *glou... glou... glou...* en agitant ses ailes, et s'écrie :

— LA FEMME DU CANAL SAINT-MARTIN!.. ASSASIN!... ASSASSIN!.. ASSASSIN!..

Les échos souterrains lui répondent... mais, au lieu de se perdre peu à peu dans les entrailles de la terre, ils deviennent de plus en plus retentissants et semblent se rapprocher.

Le Maître d'école croit entendre ces éclats de rire retentir d'un pôle à l'autre...

La vision de la noyée disparaît.

Le lac de sang, au delà duquel le Maître d'école voit toujours Rodolphe, devient d'un noir bronzé; puis il rougit et se change bientôt en une fournaise liquide telle que du métal en fusion; puis ce lac de feu s'élève, monte... monte... vers le ciel ainsi qu'une trombe immense.

Bientôt c'est un horizon incandescent comme du fer chauffé à blanc.

Cet horizon immense, infini, éblouit et brûle à la fois les regards du Maître d'école; cloué à sa place, il ne peut en détourner la vue...

Alors sur ce fond de lave ardente, dont la réverbération le dévore, il voit lentement passer et repasser un à un les spectres noirs et gigantesques de ses victimes...

—LA LANTERNE MAGIQUE DU REMORDS... DU REMORDS!... DU REMORDS!... —

S'écrie la chouette, en battant des ailes et en riant aux éclats.

Malgré les douleurs intolérables que lui

cause cette contemplation incessante, le Maître d'école a toujours les yeux attachés sur les spectres qui se meuvent dans la nappe enflammée.

Il éprouve alors quelque chose d'épouvantable.

Passant par tous les degrés d'une torture sans nom, à force de regarder ce foyer torréfiant, il sent ses prunelles, qui ont remplacé le sang dont ses orbites étaient remplies, devenir chaudes, brûlantes, se fondre à cette fournaise, fumer, bouillonner, et enfin se calciner dans leurs cavités comme dans deux creusets de fer rouge...

Par une effroyable faculté, après avoir *vu* autant que senti les transformations successives de ses prunelles en cendres, il retombe dans les ténèbres de sa première cécité.

Mais voilà que tout à coup ses douleurs intolérables s'apaisent par enchantement.

Un souffle aromatique d'une fraîcheur délicieuse a passé sur ses orbites brûlantes encore.

Ce souffle est un suave mélange des senteurs printanières qu'exhalent les fleurs champêtres baignées d'une humide rosée.

Le Maître d'école entend autour de lui un bruissement léger comme celui de la brise qui se joue dans le feuillage, comme celui d'une source d'eau vive qui ruisselle et murmure sur son lit de cailloux et de mousse.

Des milliers d'oiseaux gazouillent de temps à autre les plus mélodieuses fantaisies ; s'ils se taisent, des voix enfantines, d'une angélique pureté, chantent des paroles étranges, inconnues, des paroles pour ainsi dire ailées, que le Maître d'école entend monter aux cieux avec un léger frémissement.

Un sentiment de bien-être moral, d'une mollesse, d'une langueur indéfinissables, s'empare peu à peu de lui...

Épanouissement de cœur, ravissement d'esprit, rayonnement d'âme dont aucune impression physique, si enivrante qu'elle soit, ne saurait donner une idée !

Le Maître d'école se sent doucement planer

dans une sphère lumineuse, éthérée; il lui semble qu'il s'élève à une distance incommensurable de l'humanité.

. . . .

Après avoir goûté quelques moments cette félicité sans nom, il se retrouve dans le ténébreux abîme de ses pensées habituelles.

Il rêve toujours, mais il n'est plus que le brigand muselé qui blasphème et se damne dans des accès de fureur impuissante.

Une voix retentit, sonore, solennelle...

C'est la voix de Rodolphe!

Le Maître d'école frémit épouvanté; il a vaguement la conscience de rêver, mais l'effroi que lui inspire Rodolphe est si formidable, qu'il fait, mais en vain, tous ses efforts pour échapper à cette nouvelle vision.

La voix parle... il écoute...

L'accent de Rodolphe n'est pas courroucé; il est rempli de tristesse, de compassion...

— Pauvre misérable — dit-il au Maître d'école — l'heure du repentir n'a pas encore sonné pour vous... Dieu seul sait quand elle sonnera... La punition de vos crimes est incomplète encore... Vous avez souffert, vous n'avez pas expié ; la destinée poursuit son œuvre de haute justice... Vos complices sont devenus vos tourmenteurs; une femme, un enfant vous domptent, vous torturent...

En vous infligeant un châtiment terrible comme vos crimes, je vous l'avais dit... je vous l'avais dit... rappelez-vous mes paroles :

Tu as criminellement abusé de ta force; je paralyserai ta force... — *Les plus vigoureux, les plus féroces tremblaient devant toi; tu trembleras devant les plus faibles...*

Vous avez quitté l'obscure retraite où vous pouviez vivre pour le repentir et pour l'expiation...

Vous avez eu peur du silence et de la solitude...

Tout à l'heure vous avez un moment envié la vie paisible des laboureurs de cette ferme... mais il était trop tard... trop tard!

Presque sans défense, vous vous rejetez au milieu d'une tourbe de scélérats et d'assassins, et vous avez craint de demeurer plus long-temps auprès d'honnêtes gens chez lesquels on vous avait placé...

Vous avez voulu vous étourdir par de nouveaux forfaits... Vous avez jeté un farouche défi à celui qui avait voulu vous mettre hors d'état de nuire à vos semblables, et ce criminel défi a été vain. Malgré votre audace, malgré votre scélératesse, malgré votre force, vous êtes enchaîné... La soif du crime vous dévore; vous ne pouvez la satisfaire... Tout à l'heure, dans un épouvantable et sanguinaire éréthisme, vous avez voulu tuer votre femme; elle est là, sous le même toit que vous; elle dort sans défense; vous avez un couteau, sa chambre est à deux pas; aucun obstacle ne vous empêche d'arriver jusqu'à elle; rien ne peut la soustraire à votre rage : rien que votre impuissance...

Le rêve de tout à l'heure, celui que maintenant vous rêvez, vous pourraient être d'un grand enseignement, ils pourraient vous sauver... Les images mystérieuses de ce songe ont un sens profond...

Le lac de sang où vous sont apparues vos victimes... c'est le sang que vous avez versé... la lave ardente qui l'a remplacé... c'est le remords dévorant qui aurait dû vous consumer, afin qu'un jour Dieu, prenant en pitié vos longues tortures, vous appelât à lui... et vous fît goûter les douceurs ineffables du pardon. Mais il n'en sera pas ainsi... Non! non! ces avertissements seront inutiles... loin de vous repentir, vous regretterez chaque jour, avec d'horribles blasphèmes, le temps où vous commettiez vos crimes... Hélas! de cette lutte continuelle entre vos ardeurs sanguinaires et l'impossibilité de les satisfaire, entre vos habitudes d'oppression féroce et la nécessité de vous soumettre à des êtres aussi faibles que cruels, il résultera pour vous un sort si affreux... si horrible!... Oh! pauvre misérable!

Et la voix de Rodolphe s'altéra.

Et il se tut un moment, comme si l'émotion et l'effroi l'eussent empêché de continuer...

Le Maître d'école sentit ses cheveux se hérisser sur son front...

Quel était donc ce sort... qui apitoyait même son bourreau?..

— Le sort qui vous attend est si épouvantable — reprit Rodolphe — que Dieu, dans sa vengeance inexorable et toute-puissante, voudrait vous faire expier à vous seul les crimes de tous les hommes, qu'il n'imaginerait pas un supplice plus effroyable... Malheur ! malheur à vous ! la fatalité veut que vous sachiez l'effroyable châtiment qui vous attend, et elle veut que vous ne fassiez rien pour vous y soustraire.

— Que l'avenir vous soit connu...

Il sembla au Maître d'école que la vue lui était rendue...

Il ouvrit les yeux... il vit...

Mais ce qu'il vit le frappa d'une telle épouvante qu'il jeta un cri perçant et s'éveilla en sursaut de ce rêve horrible.

CHAPITRE XI.

LA LETTRE.

Neuf heures du matin sonnaient à l'horloge de la ferme de Bouqueval, lorsque madame Georges entra doucement dans la chambre de Fleur-de-Marie.

Le sommeil de la jeune fille était si léger qu'elle s'éveilla presque à l'instant. Un brillant soleil d'hiver, dardant ses rayons à travers les persiennes et les rideaux de toile perse doublée de guingan rose, répandait une teinte vermeille dans la chambre de la Goualeuse, et donnait à son pâle et doux visage les couleurs qui lui manquaient.

—Eh bien! mon enfant — dit madame Georges en s'asseyant sur le lit de la jeune fille et en la baisant au front—comment vous trouvez-vous?

— Mieux, madame... je vous remercie...

— Vous n'avez pas été réveillée ce matin de très-bonne heure?

— Non, madame...

— Tant mieux. Ce malheureux aveugle et son fils, auxquels on a donné hier à coucher, ont voulu quitter la ferme au point du jour; je craignais que le bruit qu'on a fait en ouvrant les portes ne vous eût éveillée...

— Pauvres gens! pourquoi sont-ils partis si tôt?

— Je ne sais, hier soir, en vous laissant un peu calmée, je suis descendue à la cuisine pour les voir; mais tous deux s'étaient trouvés si fatigués qu'ils avaient demandé la permission de se retirer. Le père Châtelain m'a dit que l'aveugle paraissait ne pas avoir la tête très-saine; et tous nos gens ont été frappés des soins touchants que l'enfant de ce malheureux lui donnait. Mais, dites-moi, Marie, vous avez eu un peu de fièvre; je ne veux pas que vous vous exposiez au froid aujourd'hui ; vous ne sortirez pas du salon.

—Madame, pardonnez-moi ; il faut que je me rende ce soir, à cinq heures, au presbytère ; M. le curé m'attend.

—Cela serait imprudent ; vous avez, j'en suis sûre, passé une mauvaise nuit ; vos yeux sont fatigués, vous avez mal dormi.

—Il est vrai... j'ai encore eu des rêves effrayants. J'ai revu en songe la femme qui m'a tourmentée quand j'étais enfant ; je me suis réveillée en sursaut tout épouvantée... c'est une faiblesse ridicule dont j'ai honte.

—Et moi, cette faiblesse m'afflige, puisqu'elle vous fait souffrir, pauvre petite ! — dit madame Georges avec un tendre intérêt, en voyant les yeux de la Goualeuse se remplir de larmes.

Celle-ci, se jetant au cou de sa mère adoptive, cacha son visage dans son sein.

—Mon Dieu ! qu'avez-vous, Marie ? vous m'effrayez !

—Vous êtes si bonne pour moi, madame,

que je me reproche de ne pas vous avoir confié ce que j'ai confié à M. le curé; demain il vous dira tout lui-même; il me coûterait trop de vous répéter cette confession...

— Allons, allons, enfant, soyez raisonnable; je suis sûre qu'il y a plus à louer qu'à blâmer dans ce grand secret que vous avez dit à notre bon abbé. Ne pleurez pas ainsi... vous me faites mal.

— Pardon, madame; mais je ne sais pourquoi, depuis deux jours, par instants mon cœur se brise... Malgré moi les larmes me viennent aux yeux... J'ai de noirs pressentiments... Il me semble qu'il va m'arriver quelque malheur...

— Marie... Marie... je vous gronderai si vous vous affectez ainsi de terreurs imaginaires. N'est-ce donc pas assez des chagrins réels qui nous accablent?

— Vous avez raison, madame; j'ai tort, je tâcherai de surmonter cette faiblesse... Si vous saviez, mon Dieu! combien je me reproche de ne pas être toujours gaie, souriante, heureuse... comme je devrais l'être; hélas! ma tristesse doit vous paraître de l'ingratitude !

Madame Georges allait rassurer la Goualeuse, lorsque Claudine entra, après avoir frappé à la porte.

— Que voulez-vous, Claudine?

— Madame, c'est Pierre qui arrive d'Arnouville dans le cabriolet de madame Dubreuil; il apporte cette lettre pour vous, il dit que c'est très-pressé.

Madame Georges lut tout haut ce qui suit :

— « Ma chère madame Georges, vous me rendriez bien service et vous pourriez me tirer d'un grand embarras en venant tout de suite à la ferme; Pierre vous emmènerait et vous reconduirait cette après-dînée. Je ne sais vraiment où donner de la tête, M. Dubreuil est à Pontoise pour la vente de ses laines ; j'ai donc recours à vous et à Marie. Clara embrasse sa bonne petite sœur et l'attend avec impatience. Tâchez de venir à onze heures pour déjeuner.

» Votre bien sincère amie,

» Femme DUBREUIL. »

— De quoi peut-il être question? dit madame Georges à Fleur-de-Marie. — Heureusement le ton de la lettre de madame Dubreuil prouve qu'il ne s'agit pas de quelque chose de grave...

— Vous accompagnerai-je, madame?—demanda la Goualeuse.

— Cela n'est peut-être pas prudent, car il fait très-froid. Mais après tout — reprit madame Georges — cela vous distraira; en vous enveloppant bien, cette petite course ne vous sera que favorable...

— Mais, madame — dit la Goualeuse en réfléchissant, M. le curé m'attend ce soir, à cinq heures, au presbytère.

— Vous avez raison; nous serons de retour avant cinq heures, je vous le promets.

— Oh! merci, madame; je serai si contente de revoir mademoiselle Clara...

— Encore — dit madame Georges d'un ton de doux reproche — *mademoiselle* Clara!.. Est-ce qu'elle dit *mademoiselle* Marie en parlant de vous?

— Non, madame... — répondit la Goualeuse en baissant les yeux. — C'est que moi... je...

— Vous!... vous êtes une cruelle enfant qui ne songez qu'à vous tourmenter ; vous oubliez déjà les promesses que vous m'avez faites tout à l'heure encore. Habillez-vous vite et bien chaudement. Nous pourrons arriver avant onze heures à Arnouville.

Puis, sortant avec Claudine, madame Georges lui dit :

— Que Pierre attende un moment, nous sommes prêtes dans quelques minutes.

CHAPITRE XII.

RECONNAISSANCE.

Une demi-heure après cette conversation, madame Georges et Fleur-de-Marie montaient dans un de ces grands cabriolets dont se servent les riches fermiers des environs de Paris. Bientôt cette voiture, attelée d'un vigoureux cheval de trait conduit par Pierre, roula rapidement sur le chemin gazonné qui de Bouqueval conduit à Arnouville.

Les vastes bâtiments et les nombreuses dépendances de la ferme exploitée par M. Dubreuil témoignaient de l'importance de cette magnifique propriété, que mademoiselle Césarine de Noirmont avait apportée en mariage à M. le duc de Lucenay.

Le bruit retentissant du fouet de Pierre avertit madame Dubreuil de l'arrivée de Fleur-de-Marie et de madame Georges. Celles-ci, en descendant de voiture, furent joyeusement accueillies par la fermière et par sa fille.

Madame Dubreuil avait cinquante ans environ; sa physionomie était douce et affable; les traits de sa fille, jolie brune aux yeux bleus, aux joues fraîches et vermeilles, respiraient la candeur et la bonté.

A son grand étonnement, lorsque Clara vint lui sauter au cou, la Goualeuse vit son amie vêtue comme elle en paysanne, au lieu d'être habillée en *demoiselle*.

— Comment, vous aussi, Clara, vous voici *déguisée* en campagnarde? — dit madame Georges en embrassant la jeune fille.

— Est-ce qu'il ne faut pas qu'elle imite en tout sa sœur Marie? — dit madame Dubreuil. — Elle n'a pas eu de cesse qu'elle n'ait eu aussi son casaquin de drap, sa jupe de futaine, tout comme votre Marie... Mais il s'agit bien des caprices de ces petites filles, ma pauvre madame Georges! — dit madame Dubreuil en soupirant — venez que je vous conte tous mes embarras.

En arrivant dans le salon avec sa mère et madame Georges, Clara s'assit auprès de Fleur-de-Marie, lui donna la meilleure place au coin du feu, l'entoura de mille soins, prit ses mains dans les siennes pour s'assurer si elles n'étaient plus froides, l'embrassa encore et l'appela sa méchante petite sœur, en lui faisant tout bas de doux reproches sur le long intervalle qu'elle mettait entre ses visites.

Si l'on se souvient de l'entretien de la pauvre Goualeuse et du curé, on comprendra qu'elle devait recevoir ces caresses tendres et ingénues avec un mélange d'humilité, de bonheur et de crainte.

— Et que vous arrive-t-il donc, ma chère madame Dubreuil — dit madame Georges — et à quoi pourrai-je vous être utile?

— Mon Dieu! à bien des choses. Je vais vous expliquer cela. Vous ne savez pas, je crois, que cette ferme appartient en propre à madame la duchesse de Lucenay. C'est à elle que nous avons directement affaire... sans passer par les mains de l'intendant de M. le duc.

— En effet, j'ignorais cette circonstance.

— Vous allez savoir pourquoi je vous en instruis... C'est donc à madame la duchesse ou à madame Simon, sa première femme de chambre, que nous payons les fermages. Madame la duchesse est si bonne, si bonne, quoiqu'un peu vive, que c'est un vrai plaisir d'avoir des rapports avec elle; Dubreuil et moi nous nous mettrions dans le feu pour l'obliger... Dame! c'est tout simple : je l'ai vue petite fille, quand elle venait ici avec son père, feu M. le prince de Noirmont... Encore dernièrement elle nous a demandé six mois de fermage d'avance... Quarante mille francs, ça ne se trouve pas sous le pas d'un cheval, comme on dit... mais nous avions cette somme en réserve, la dot de notre Clara, et du jour au lendemain madame la duchesse a eu son argent en beaux louis d'or... Ces grandes dames, ça a tant besoin de luxe!... Pourtant il n'y a guère que depuis un an que madame la duchesse est exacte à toucher ses fermages aux échéances; autrefois elle paraissait n'avoir jamais besoin d'argent... Mais maintenant c'est bien différent!

— Jusqu'à présent, ma chère madame Dubreuil, je ne vois pas encore à quoi je puis vous être bonne.

— M'y voici, m'y voici; je vous disais cela pour vous faire comprendre que madame la duchesse a toute confiance en nous... Sans compter qu'à l'âge de douze ou treize ans elle a été, avec son père pour compère, marraine de Clara... qu'elle a toujours comblée... Hier soir donc je reçois par un exprès cette lettre de madame la duchesse :

« Il faut absolument, ma chère madame Dubreuil, que le petit pavillon du verger soit en état d'être occupé après-demain soir; faites-y transporter tous les meubles nécessaires, tapis, rideaux, etc., etc. Enfin que rien n'y manque, et qu'il soit surtout aussi *confortable* que possible... »

— *Confortable!* vous entendez, madame Georges; et c'est souligné encore! — dit madame Dubreuil, en regardant son amie d'un air à la fois méditatif et embarrassé; puis elle continua :

« Faites faire du feu jour et nuit dans le pavillon pour en chasser l'humidité, car il y a long-temps qu'on ne l'a habité. Vous traiterez la personne qui viendra s'y établir comme vous me traiteriez *moi-même;* une lettre que cette personne vous remettra vous instruira de ce que j'attends de votre zèle toujours si obligeant. J'y compte cette fois encore, sans crainte d'en abuser; je sais combien vous êtes bonne et dévouée. Adieu, ma chère madame Dubreuil. Embrassez ma jolie filleule, et croyez à mes sentiments bien affectionnés,

» NOIRMONT DE LUCENAY.

« *P. S.* La personne dont il s'agit arrivera après-demain dans la soirée. Surtout n'oubli pas, je vous prie, de rendre le pavillon aussi *confortable* que possible. »

— Vous voyez; encore ce diable de mot souligné! dit madame Dubreuil en remettant dans sa poche la lettre de la duchesse de Lucenay.

— Eh bien ! rien de plus simple — reprit madame Georges.

— Comment, rien de plus simple !... Vous n'avez donc pas entendu ? madame la duchesse veut surtout que le pavillon soit aussi *confortable* que possible; c'est pour ça que je vous ai priée de venir. Nous deux Clara nous nous sommes tuées à chercher ce que voulait dire *confortable*, et nous n'avons pu y parvenir... Clara a pourtant été en pension à Villiers-le-Bel, et a remporté je ne sais combien de prix d'histoire et de géographie... eh bien ! c'est égal, elle n'est pas plus avancée que moi au sujet de ce mot baroque : il faut que ce soit un mot de la cour ou du grand monde... Mais c'est égal, vous concevez combien c'est embarrassant : madame la duchesse veut surtout que le pavillon soit *confortable*, elle souligne le mot, elle le répète deux fois, et nous ne savons pas ce que cela veut dire !

— Dieu merci ! je puis vous expliquer ce grand mystère — dit madame Georges en souriant ; — *confortable*, dans cette occasion, veut dire un appartement commode, bien arrangé, bien clos, bien chaud ; une habitation enfin où rien ne manque de ce qui est nécessaire et même superflu...

— Ah mon Dieu ! je comprends, mais alors je suis encore plus mbarrassée !

— Comment cela ?

— Madame la duchesse parle de tapis, de meubles et de beaucoup d'*et cætera*, mais nous n'avons pas de tapis ici, nos meubles sont des plus communs; et puis enfin je ne sais pas si la personne que nous devons attendre est un monsieur ou une dame, et il faut que tout soit prêt demain soir... Comment faire ? comment faire ? ici il n'y a aucune ressource. En vérité, madame Georges, c'est à en perdre la tête !

— Mais, maman — dit Clara — si tu prenais les meubles qui sont dans ma chambre ; en attendant qu'elle soit remeublée, j'irais passer trois ou quatre jours à Bouqueval avec Marie.

— Ta chambre ! ta chambre, mon enfant, est-ce que c'est assez beau ! — dit madame Dubreuil en haussant les épaules — est-ce que c'est assez... assez *confortable!*... comme dit madame la duchesse... Mon Dieu! mon Dieu! où va-t-on chercher des mots pareils!

— Ce pavillon est donc ordinairement inhabité? — demanda madame Georges.

— Sans doute; c'est cette petite maison blanche qui est toute seule au bout du verger. M. le prince l'a fait bâtir pour madame la duchesse quand elle était demoiselle; lorsqu'elle venait à la ferme avec son père, c'est là qu'ils se reposaient. Il y a trois jolies chambres, et au bout du jardin une laiterie suisse, où madame la duchesse, étant enfant, s'amusait à jouer à la laitière; depuis son mariage nous ne l'avons vue à la ferme que deux fois, et chaque fois elle a passé quelques heures dans le petit pavillon. La première fois, il y a de cela six ans, elle est venue à cheval avec...

Puis, comme si la présence de Fleur-de-Marie et de Clara l'empêchait d'en dire davantage, madame Dubreuil reprit :

— Mais je cause, je cause, et tout cela ne me sort pas d'embarras... Venez donc à mon secours, ma pauvre madame Georges, venez donc à mon secours!

— Voyons, dites-moi comment à cette heure est meublé ce pavillon?...

— Il l'est à peine; dans la pièce principale, une natte de paille sur le carreau, un canapé de jonc, des fauteuils pareils, une table, quelques chaises, voilà tout. De là à être confortable il y a loin, comme vous le voyez.

— Eh bien! moi, à votre place, voici ce que je ferais : il est onze heures, j'enverrais à Paris un homme intelligent.

— Notre *prend-garde-à-tout*... (1), il n'y en a pas de plus actif.

— A merveille... en deux heures au plus tard il est à Paris; il va chez un tapissier de la Chaussée-d'Antin, peu importe lequel; il lui remet la liste que je vais vous faire, après avoir vu ce qui manque dans le pavillon, et il lui dira que, coûte que coûte...

— Oh! bien sûr... pourvu que madame la duchesse soit contente, je ne regarderai à rien...

(1) Sorte de surveillant employé dans les grandes exploitations des environs de Paris.

— Il lui dira donc que, coûte que coûte, il faut que ce qui est noté sur cette liste soit ici ce soir ou dans la nuit, ainsi que trois ou quatre garçons tapissiers pour tout mettre en place.

— Ils pourront venir par la voiture de Gonesse, elle part à huit heures du soir de Paris...

— Et comme il ne s'agit que de transporter des meubles, de clouer des tapis et de poser des rideaux, tout peut être facilement prêt demain soir.

— Ah! ma bonne madame Georges, de quel embarras vous me sauvez!.. Je n'aurais jamais pensé à cela... Vous êtes ma Providence... Vous allez avoir la bonté de me faire la liste de ce qu'il faut pour que le pavillon soit...

— Confortable?... oui, sans doute.

— Ah, mon Dieu! une autre difficulté!... Encore une fois, nous ne savons pas si c'est un monsieur ou une dame que nous attendons. Dans sa lettre, madame la duchesse dit — *une personne;* — c'est bien embrouillé!..

— Agissez comme si vous attendiez une femme, ma chère madame Dubreuil; si c'est un homme, il ne s'en trouvera que mieux.

— Vous avez raison... toujours raison...

Une servante de ferme vint annoncer que le déjeuner était servi.

— Nous déjeunerons tout à l'heure — dit madame Georges; — mais, pendant que je vais écrire la liste de ce qui est nécessaire, faites prendre la mesure des trois pièces en hauteur et en étendue, afin qu'on puisse d'avance disposer les rideaux et les tapis.

— Bien, bien... je vais aller dire tout cela à notre *prend-garde-à-tout*.

— Madame, reprit la servante de ferme — il y a aussi là cette laitière de Stains: son ménage est dans une petite charrette traînée par un âne !... Dame... il n'est pas lourd, son ménage !

— Pauvre femme !... — dit madame Dubreuil avec intérêt.

— Quelle est donc cette femme ? — demanda madame Georges.

— Une paysanne de Stains, qui avait quatre vaches et qui faisait un petit commerce en allant vendre tous les matins son lait à Paris. Son mari était maréchal-ferrant; un jour, ayant besoin d'acheter du fer, il accompagne sa femme, convenant avec elle de venir la reprendre au coin de la rue où d'habitude elle vendait son lait. Malheureusement la laitière s'était établie dans un vilain quartier, à ce qu'il paraît; quand son mari revient, il la trouve aux prises avec des mauvais sujets ivres qui avaient eu la méchanceté de renverser son lait dans le ruisseau. Le forgeron tâche de leur faire entendre raison, ils le maltraitent; il se défend, et dans la rixe il reçoit un coup de couteau qui l'étend roide mort.

— Ah! quelle horreur!...— s'écria madame Georges. — Et a-t-on arrêté l'assassin?

— Malheureusement non : dans le tumulte il s'est échappé; la pauvre veuve assure qu'elle le reconnaîtrait bien, car elle l'a vu plusieurs fois avec d'autres de ses camarades, habitués de ce quartier; mais jusqu'ici toutes les recherches ont été inutiles pour le découvrir.

Bref, depuis la mort de son mari, la laitière a été obligée, pour payer diverses dettes, de vendre ses vaches et quelques morceaux de terre qu'elle avait ; le fermier du château de Stains m'a recommandé cette brave femme comme une excellente créature, aussi honnête que malheureuse, car elle a trois enfants dont le plus âgé n'a pas douze ans ; j'avais justement une place vacante, je la lui ai donnée, et elle vient s'établir à la ferme.

— Cette bonté de votre part ne m'étonne pas, ma chère madame Dubreuil.

— Dis-moi, Clara — reprit la fermière — veux-tu aller installer cette brave femme dans son logement, pendant que je vais prévenir le *prend-garde-à-tout* de se préparer à partir pour Paris ?

— Oui, maman ; Marie va venir avec moi.

— Sans doute ; est-ce que vous pouvez vous passer l'une de l'autre ! — dit la fermière.

— Et moi — reprit madame Georges en s'asseyant devant une table — je vais commencer ma liste pour ne pas perdre de temps, car il faut que nous soyons de retour à Bouqueval à quatre heures.

— A quatre heures!... vous êtes donc bien pressée?—dit madame Dubreuil.

— Oui, il faut que Marie soit au presbytère à cinq heures.

— Oh! s'il s'agit du bon abbé Laporte... c'est sacré — dit madame Dubreuil. — Je vais donner les ordres en conséquence... Ces deux enfants ont bien... bien des choses à se dire... il faut leur donner le temps de se parler.

— Nous partirons donc à trois heures, ma chère madame Dubreuil.

— C'est entendu... Mais que je vous remercie donc encore!... quelle bonne idée j'ai eue de vous prier de venir à mon aide!—dit madame Dubreuil.—Allons, Clara; allons, Marie!...

Pendant que madame Georges écrivait, madame Dubreuil sortit d'un côté, les deux jeunes filles d'un autre, avec la servante qui avait annoncé l'arrivée de la laitière de Stains.

— Où est-elle, cette pauvre femme?—demanda Clara.

— Elle est, avec ses enfants, sa petite charrette et son âne, dans la cour des granges, mademoiselle.

— Tu vas la voir, Marie, la pauvre femme, — dit Clara en prenant le bras de la Goualeuse ; — comme elle est pâle et comme elle a l'air triste avec son grand deuil de veuve. La dernière fois qu'elle est venue voir maman, elle m'a navrée ; elle pleurait à chaudes larmes en parlant de son mari, et puis tout à coup ses larmes s'arrêtaient, et elle entrait dans des accès de fureur contre l'assassin. Alors... elle me faisait peur, tant elle avait l'air méchant ; mais, au fait, son ressentiment est bien naturel !... l'infortunée !... Comme il y a des gens malheureux !... n'est-ce pas, Marie ?

— Oh ! oui, oui... sans doute... — répondit la Goualeuse en soupirant d'un air distrait ; — il y a des gens bien malheureux, vous avez raison, mademoiselle...

— Allons ! — s'écria Clara en frappant du pied avec une impatience chagrine — voilà encore que tu me dis *vous*... et que tu m'appelles mademoiselle ; mais tu es donc fâchée contre moi, Marie ?

— Moi ! grand Dieu !!!

— Eh bien! alors, pourquoi me dis-tu *vous?*... Tu le sais, ma mère et madame Georges t'ont déjà réprimandée pour cela... Je t'en préviens, je te ferai encore gronder: tant pis pour toi...

— Clara, pardon, j'étais distraite...

— Distraite... quand tu me revois après plus de huit grands jours de séparation!— dit tristement Clara.— Distraite... cela serait déjà bien mal; mais non, non, ce n'est pas cela: tiens, vois-tu, Marie... je finirai par croire que tu es fière.

Fleur-de-Marie devint pâle comme une morte et ne répondit pas...

A sa vue, une femme portant le deuil de veuve avait poussé un cri de colère et d'horreur.

Cette femme était la laitière qui, chaque matin, vendait du lait à la Goualeuse lorsque celle-ci demeurait chez l'ogresse du Tapis-Franc.

CHAPITRE XIII.

LA LAITIÈRE.

La scène que nous allons raconter se passait dans une des cours de la ferme, en présence des laboureurs et des femmes de service qui rentraient de leurs travaux pour prendre leur repas de midi.

Sous un hangar, on voyait une petite charrette attelée d'un âne, et contenant le rustique et pauvre mobilier de la veuve; un petit garçon de douze ans, aidé de deux enfants moins âgés, commençait à décharger cette voiture.

La laitière, complétement vêtue de noir, était une femme de quarante ans environ, à la figure rude, virile et résolue; ses paupières étaient rougies par des larmes récentes. En apercevant Fleur-de-Marie, elle jeta d'abord un cri d'effroi; mais bientôt la douleur, l'indignation, la colère, contractèrent ses traits; elle se précipita sur la Goualeuse, la prit brutalement par le bras, et s'écria en la montrant aux gens de la ferme :

— Voilà une malheureuse qui connaît l'assassin de mon pauvre mari... je l'ai vue vingt fois parler à ce brigand! quand je vendais du lait au coin de la rue de la Vieille-Draperie, elle venait m'en acheter pour un sou tous les matins; elle doit savoir quel est le scélérat qui a fait le coup; comme toutes ses pareilles, elle est de la clique de ces bandits... Oh! tu ne m'échapperas pas, coquine que tu es!..
— s'écria la laitière exaspérée par d'injustes soupçons; et elle saisit l'autre bras de Fleur-de-Marie, qui, tremblante, éperdue, voulait fuir.

Clara, stupéfaite de cette brusque agression, n'avait pu jusqu'alors dire un mot; mais, à ce redoublement de violence, elle s'écria en s'adressant à la veuve :

— Mais vous êtes folle!.. le chagrin vous égare!.. vous vous trompez!..

— Je me trompe!.. — reprit la paysanne avec une ironie amère — je me trompe!.. Oh que non!.. je ne me trompe pas... Tenez, regardez comme la voilà déjà pâle... la misérable!.. comme ses dents claquent!.. La justice te forcera de parler; tu vas venir avec moi chez monsieur le maire... entends-tu?.. Oh! il ne s'agit pas de résister... j'ai une bonne poigne... je t'y porterai plutôt...

— Insolente que vous êtes! — s'écria Clara exaspérée — sortez d'ici... Oser ainsi manquer à mon amie, à ma sœur!

— Votre sœur..... mademoiselle, allons donc!.. c'est vous, vous qui êtes folle! — répondit grossièrement la veuve. — Votre sœur!.. une fille des rues, que, durant six mois, j'ai vue traîner dans la Cité!..

A ces mots, les laboureurs firent entendre de longs murmures contre Fleur-de-Marie; ils prenaient naturellement parti pour la laitière, qui était de leur classe et dont le malheur les intéressait.

Les trois enfants, entendant leur mère élever la voix, accoururent auprès d'elle et l'entourèrent en pleurant, sans savoir de quoi il s'agissait. L'aspect de ces pauvres petits, aussi vêtus de deuil, redoubla la sympathie qu'inspirait la veuve et augmenta l'indignation des paysans contre Fleur-de-Marie.

Clara, effrayée de ces démonstrations presque menaçantes, dit aux gens de la ferme, d'une voix émue :

— Faites sortir cette femme d'ici ; je vous répète que le chagrin l'égare. Marie, Marie, pardon ! Mon Dieu, cette folle ne sait pas ce qu'elle dit...

La Goualeuse, pâle, la tête baissée pour échapper à tous les regards, restait muette, anéantie, inerte, et ne faisait pas un mouvement pour échapper aux rudes étreintes de la robuste laitière.

Clara, attribuant cet abattement à l'effroi qu'une pareille scène devait inspirer à son amie, dit de nouveau aux laboureurs :

— Vous ne m'entendez donc pas !!! Je vous ordonne de chasser cette femme... Puisqu'elle persiste dans ses injures, pour la punir de son insolence, elle n'aura pas ici la place que ma mère lui avait promise; de sa vie elle ne remettra les pieds à la ferme.

Aucun laboureur ne bougea pour obéir aux ordres de Clara; l'un d'eux osa même dire :

— Dame... mademoiselle, si c'est une fille des rues et qu'elle connaisse l'assassin du mari de cette pauvre femme... faut qu'elle vienne s'expliquer chez le maire...

— Je vous répète que vous n'entrerez jamais à la ferme — dit Clara à la laitière — à moins qu'à l'instant vous ne demandiez pardon à mademoiselle Marie de vos grossièretés.

— Vous me chassez, mademoiselle!.. à la bonne heure — répondit la veuve avec amertume. — Allons, mes pauvres orphelins — ajouta-t-elle en embrassant ses enfants — rechargez la charrette, nous irons gagner notre pain ailleurs, le bon Dieu aura pitié de nous; mais au moins, en nous en allant, nous emmènerons chez M. le maire cette malheureuse, qui va bien être forcée de dénoncer l'assassin de mon pauvre mari.... puisqu'elle connaît toute la bande...! Parce que vous êtes riche, mademoiselle — reprit-elle en regardant insolemment Clara — parce que vous avez des amies dans ces créatures-là... faut pas pour cela... être si dure aux pauvres gens!

— C'est vrai — dit un laboureur — la laitière a raison...

— Pauvre femme!

— Elle est dans son droit...

— On a assassiné son mari... faut-il pas qu'elle soit contente?

— On ne peut pas l'empêcher de faire son possible pour découvrir les brigands qui ont fait le coup.

— C'est une injustice de la renvoyer.

— Est-ce que c'est sa faute, à elle, si l'amie de mademoiselle Clara se trouve être... une fille des rues?

— On ne met pas à la porte une honnête femme... une mère de famille... à cause d'une malheureuse pareille!

Et les murmures devenaient menaçants, lorsque Clara s'écria :

— Dieu soit loué... voici ma mère...

En effet, madame Dubreuil, revenant du pavillon du verger, traversait la cour.

— Eh bien! Clara, eh bien! Marie — dit la fermière en approchant du groupe — venez-vous déjeuner... allons, mes enfants... il est déjà tard!

— Maman — s'écria Clara — défendez ma sœur des insultes de cette femme; — et elle montra la veuve, — de grâce, renvoyez-la d'ici. Si vous saviez toutes les insolences qu'elle a l'audace de dire à Marie...

— Comment? elle oserait...?

— Oui, maman... Voyez, pauvre petite sœur, comme elle est tremblante... elle peut à peine se soutenir... Ah! c'est une honte qu'une telle scène se passe chez nous... Marie, pardonne-nous... je t'en supplie!..

— Mais, qu'est-ce que cela signifie? — demanda madame Dubreuil en regardant autour d'elle d'un air inquiet, après avoir remarqué l'accablement de la Goualeuse.

— Madame sera juste, elle... bien sûr... — murmurèrent les laboureurs.

— Voilà madame Dubreuil.... c'est toi qui

vas être mise à la porte—dit la veuve à Fleur-de-Marie.

— Il est donc vrai! — s'écria madame Dubreuil à la laitière, qui tenait toujours Fleur-de-Marie par le bras; — vous osez parler de la sorte à l'amie de ma fille! Est-ce ainsi que vous reconnaissez mes bontés; voulez-vous laisser cette jeune personne tranquille?

— Je vous respecte, madame, et j'ai de la reconnaissance pour vos bontés—dit la veuve en abandonnant le bras de Fleur-de-Marie; — mais avant de m'accuser et de me chasser de chez vous avec mes enfants, interrogez donc cette malheureuse... Elle n'aura peut-être pas le front de nier que je la connais et qu'elle me connaît aussi...

— Mon Dieu, Marie, entendez-vous ce que dit cette femme? — demanda madame Dubreuil au comble de la surprise.

— T'appelles-tu, oui ou non, la Goualeuse? — dit la laitière à Marie.

— Oui... — dit la malheureuse à voix basse d'un air atterré et sans regarder madame Dubreuil. — Oui, on m'appelait ainsi...

— Ah! voyez-vous! — s'écrièrent les laboureurs courroucés. — Elle l'avoue! elle l'avoue!...

—Elle l'avoue... mais quoi? qu'avoue-t-elle? s'écria madame Dubreuil à demi effrayée de l'aveu de Fleur-de-Marie.

— Laissez-la répondre, madame — reprit la veuve — elle va encore avouer qu'elle était dans une maison infâme de la rue aux Fèves, dans la Cité, où je lui vendais pour un sou de lait tous les matins; elle va encore avouer qu'elle a souvent parlé devant moi à l'assassin de mon pauvre mari... Oh! elle le connaît bien, j'en suis sûre... Un jeune homme pâle qui fumait toujours et qui portait une casquette, une blouse et de grands cheveux; elle doit savoir son nom... est-ce vrai? répondras-tu, malheureuse — s'écria la laitière.

— J'ai pu parler à l'assassin de votre mari, car il y a malheureusement plus d'un meurtrier dans la Cité — dit Fleur-de-Marie d'une voix défaillante — mais je ne sais pas de qui vous voulez parler.

— Comment... que dit-elle? — s'écria madame Dubreuil avec effroi. — Elle a parlé à des assassins...

— Les créatures comme elle ne connaissent que ça... — répondit la veuve.

D'abord stupéfaite d'une si étrange révélation, confirmée par les dernières paroles de Fleur-de-Marie, madame Dubreuil, comprenant tout alors, se recula avec dégoût et horreur, attira violemment et brusquement à elle sa fille Clara, qui s'était approchée de la Goualeuse pour la soutenir, et s'écria :

— Ah! quelle abomination... Clara, prenez garde! N'approchez pas de cette malheureuse... Mais comment madame Georges a-t-elle pu la recevoir chez elle! Comment a-t-elle osé me la présenter, et souffrir que ma fille... mon Dieu! mon Dieu! mais c'est horrible, cela!! C'est à peine si je peux croire ce que je vois! Mais non, non, madame Georges est incapable d'une telle indignité! elle aura été trompée comme nous... Sans cela... oh! ce serait infâme de sa part!

Clara, désolée, effrayée de cette scène cruelle, croyait rêver. Dans sa candide ignorance elle ne comprenait pas les terribles récriminations dont on accablait son amie, son cœur se brisa, ses yeux se remplirent de larmes en voyant la stupeur de la Goualeuse, muette, atterrée comme une criminelle devant ses juges.

Viens... viens, ma fille — dit madame Dubreuil à Clara; puis se retournant vers Fleur-de-Marie : — Et vous, indigne créature, le bon Dieu vous punira de votre infâme hypocrisie. Oser souffrir que ma fille... un ange de vertu... vous appelle son amie, sa sœur... son amie!... sa sœur!... vous... le rebut de ce qu'il y a de plus vil au monde! quelle effronterie!! Oser vous mêler aux honnêtes gens, quand vous méritez sans doute d'aller rejoindre vos semblables en prison!...

—Oui, oui — s'écrièrent les laboureurs; — il faut qu'elle aille en prison... elle connaît l'assassin.

— Elle est peut-être sa complice, seulement!

Vois-tu qu'il y a une justice au ciel! — dit la veuve en montrant le poing à la Goualeuse.

— Quant à vous, ma brave femme — dit madame Dubreuil à la laitière — loin de vous renvoyer, je reconnaîtrai le service que vous me rendez en dévoilant cette malheureuse.

— A la bonne heure! notre maîtresse est juste, elle... — murmurèrent les laboureurs.

— Viens, Clara — reprit la fermière — madame Georges va nous expliquer sa conduite, ou sinon je ne la revois de ma vie; car si elle n'a pas été trompée, elle se conduit envers nous d'une manière affreuse!

— Mais, ma mère, voyez donc cette pauvre Marie...

— Qu'elle crève de honte, si elle veut, tant mieux! Méprise-la... Je ne veux pas que tu restes un moment auprès d'elle... C'est une de ces créatures auxquelles une jeune fille comme toi ne parle pas sans se déshonorer.

— Mon Dieu! mon Dieu! maman — dit Clara en résistant à sa mère qui voulait l'emmener — je ne sais pas ce que cela signifie... Marie peut être coupable, puisque vous le dites; mais voyez, voyez... elle est défaillante... ayez pitié d'elle, au moins...

— Oh! mademoiselle Clara, vous êtes bonne, vous me pardonnez... C'est bien malgré moi, croyez-le, que je vous ai trompée... Je me le suis bien souvent reproché... — dit Fleur-de-Marie en jetant sur sa protectrice un regard de reconnaissance ineffable.

— Mais, ma mère, vous êtes donc sans pitié? — s'écria Clara d'une voix déchirante.

— De la pitié... pour elle? Allons donc... sans madame Georges qui va nous en débarrasser... je ferais jeter cette misérable à la porte de la ferme comme une pestiférée — répondit durement madame Dubreuil, et elle entraîna sa fille qui, se retournant une dernière fois vers la Goualeuse, s'écria :

— Marie! ma sœur! je ne sais pas de quoi l'on t'accuse, mais je suis sûre que tu n'es pas coupable, et je t'aime toujours...

— Tais-toi... tais-toi... — dit madame Dubreuil en mettant sa main sur la bouche de sa fille — tais-toi; heureusement que tout le monde est témoin qu'après cette odieuse révélation tu n'es pas restée un moment seule avec cette fille perdue... n'est-ce pas, mes amis?

— Oui, oui, madame... — dit le laboureur — nous sommes témoins que mademoiselle Clara n'est pas restée un moment avec cette fille, qui est bien sûre une voleuse, puisqu'elle connaît des assassins.

Madame Dubreuil entraîna Clara.

La Goualeuse resta seule au milieu du groupe menaçant qui s'était formé autour d'elle.

Malgré les reproches dont l'accablait madame Dubreuil, la présence de la fermière et de Clara avait quelque peu rassuré Fleur-de-Marie sur les suites de cette scène; mais, après le départ des deux femmes, se trouvant à la merci des paysans, les forces lui manquèrent; elle fut obligée de s'appuyer sur le parapet du profond abreuvoir des chevaux de la ferme.

Rien de plus touchant que la pose de cette infortunée.

Rien de plus menaçant que les paroles, que l'attitude des paysans qui l'entouraient.

Assise presque debout sur cette margelle de pierre, la tête baissée, cachée entre ses deux mains, son cou et son sein voilés par les bouts carrés du mouchoir d'indienne rouge qui entourait son petit bonnet rond, la Goualeuse, immobile, offrait l'expression la plus saisissante de la douleur et de la résignation.

A quelques pas d'elle, la veuve de l'assassiné, triomphante et encore exaspérée contre Fleur-de-Marie par les imprécations de madame Dubreuil, montrait la jeune fille à ses enfants et aux laboureurs avec des gestes de haine et de mépris...

Les gens de la ferme, groupés en cercle, ne dissimulaient pas les sentiments hostiles qui les animaient ; leurs rudes et grossières physionomies exprimaient à la fois l'indignation, le courroux et une sorte de raillerie brutale et insultante ; les femmes se montraient les plus furieuses, les plus révoltées. La beauté touchante de la Goualeuse n'était pas une des moindres causes de leur acharnement contre elle.

Hommes et femmes ne pouvaient pardonner à Fleur-de-Marie d'avoir été jusqu'alors traitée d'égal à égal par leurs maîtres.

Et puis encore, quelques laboureurs d'Arnouville n'ayant pu justifier d'assez bons antécédents pour obtenir à la ferme de Bouqueval une de ces places si enviées dans le pays, il existait chez ceux-là, contre madame Georger, un sourd mécontentement dont sa protégée devait se ressentir.

Les premiers mouvements des natures incultes sont toujours extrêmes...

Excellents ou détestables.

Mais ils deviennent horriblement dangereux lorsqu'une multitude croit ses brutalités autorisées par les torts réels ou apparents de ceux que poursuit sa haine ou sa colère...

Quoique la plupart des laboureurs de cette ferme n'eussent peut-être pas tous les droits possibles à afficher une susceptibilité farouche à l'endroit de la Goualeuse, ils semblaient contagieusement souillés par sa seule présence; leur pudeur se révoltait en songeant à quelle classe avait appartenu cette infortunée, qui, de plus, avouait qu'elle parlait souvent à des assassins.

En fallait-il davantage pour exalter la colère de ces campagnards, encore excités par l'exemple de madame Dubreuil ?

— Il faut la conduire chez le maire — s'écria l'un.

— Oui, oui... et si elle ne veut pas marcher... *on la poussera...*

— Et ça ose s'habiller comme nous autres honnêtes filles de campagne — ajouta une des plus laides maritornes de la ferme.

— Avec son air de sainte-nitouche — reprit un autre — on lui aurait donné le bon Dieu sans confession.

— Est-ce qu'elle n'avait pas le front d'aller à la messe ?

— L'effrontée !.. pourquoi pas communier tout de suite ?

— Et il lui fallait frayer avec les maîtres encore...

— Comme si nous étions de trop petites gens pour elle !..

— Heureusement chacun a son tour.

— Oh ! il faudra bien que tu parles et que tu dénonces l'assassin !.. — s'écria la veuve.

— Vous êtes tous de la même bande... Je ne suis pas même bien sûre... de ne pas t'avoir vue ce jour-là avec eux. Allons, allons, il ne s'agit pas de pleurnicher, maintenant que tu es reconnue. Montre-nous ta face, elle est belle à voir!

Et la veuve abaissa brutalement les deux mains de la jeune fille, qui cachait son visage baigné de larmes.

La Goualeuse, d'abord écrasée de honte, commençait à trembler d'effroi en se trouvant seule à la merci de ces forcenés; elle joignit les mains, tourna vers la laitière ses yeux suppliants et craintifs, et dit de sa voix douce :

— Mon Dieu, madame... il y a deux mois que je suis retirée à la ferme de Bouqueval... Je n'ai donc pas pu être témoin du malheur dont vous parlez... et...

La timide voix de Fleur-de-Marie fut couverte par ces cris furieux :

— Menons-la chez M. le maire... elle s'expliquera.

— Allons, en marche, la belle!

Et le groupe menaçant se rapprochant de plus en plus de la Goualeuse, celle-ci, croisant ses mains par un mouvement machinal, regardait de côté et d'autre avec épouvante, et semblait implorer du secours.

— Oh! — reprit la laitière — tu as beau chercher autour de toi, mademoiselle Clara n'est plus là pour te défendre; tu ne nous échapperas pas.

— Hélas! madame — dit-elle toute tremblante — je ne veux pas vous échapper; je ne demande pas mieux que de répondre à ce qu'on me demandera... puisque cela peut vous être utile... Mais quel mal ai-je fait à toutes les personnes qui m'entourent et me menacent?..

— Tu nous as fait que tu as eu le front d'aller avec nos maîtres, quand nous, qui valons mille fois mieux que toi, nous n'y allons pas... Voilà ce que tu nous as fait.

— Et puis, pourquoi as-tu voulu que l'on chasse d'ici cette pauvre veuve et ses enfants? — dit un autre.

— Ce n'est pas moi, c'est mademoiselle Clara... qui voulait...

— Laisse-nous donc tranquilles — reprit le laboureur en l'interrompant — tu n'as pas seulement demandé grâce pour elle; tu étais contente de lui voir ôter son pain!

— Non, non, elle n'a pas demandé grâce!

— Est-elle mauvaise!

— Une pauvre veuve... mère de trois enfants!

— Si je n'ai pas demandé sa grâce — dit Fleur-de-Marie — c'est que je n'avais pas la force de dire un mot...

— Tu avais bien la force de parler à des assassins!

Ainsi qu'il arrive toujours dans les émotions populaires, ces paysans, plus bêtes que méchants, s'irritaient, s'excitaient, se *grisaient* au bruit de leurs propres paroles, et s'animaient en raison des injures et des menaces qu'ils prodiguaient à leur victime.

Ainsi le populaire arrive quelquefois, à son insu, par une exaltation progressive, à l'accomplissement des actes les plus injustes et les plus féroces.

Le cercle menaçant des métayers se rapprochait de plus en plus de Fleur-de-Marie ; tous gesticulaient en parlant ; la veuve du forgeron ne se possédait plus.

Seulement séparée du profond abreuvoir par le parapet où elle s'appuyait, la Goualeuse eut peur d'être renversée dans l'eau, et s'écria, en étendant vers eux des mains suppliantes :

— Mais, mon Dieu ! que voulez-vous de moi ? Par pitié, ne me faites pas de mal !...

Et comme la laitière, gesticulant toujours, s'approchait de plus en plus et lui mettait ses deux poings presque sur le visage, Fleur-de-Marie s'écria, en se renversant en arrière avec effroi :

— Je vous en supplie, madame... n'approchez pas autant ; vous allez me faire tomber à l'eau.

Ces paroles de Fleur-de-Marie éveillèrent chez ces gens grossiers une idée cruelle. Ne pensant qu'à faire une de ces *plaisanteries* de paysans, qui souvent vous laissent à moitié mort sur la place, un des plus enragés s'écria :

— Un plongeon !.. Donnons-lui un plongeon !..

— Oui... oui..... A l'eau !.. à l'eau !..

Répéta-t-on avec des éclats de rire et des applaudissements frénétiques.

— C'est ça, un bon plongeon !.. Elle n'en mourra pas !

— Ça lui apprendra à venir se mêler aux honnêtes gens !

— Oui, oui !....A l'eau ! à l'eau !

— Justement on a cassé la glace ce matin.

— La fille des rues se souviendra des braves gens de la ferme d'Arnouville !

En entendant ces cris inhumains, ces railleries barbares, en voyant l'exaspération de toutes ces figures stupidement irritées qui s'avançaient pour l'enlever, Fleur-de-Marie se crut morte.

A son premier effroi succéda bientôt une sorte de contentement amer : elle entrevoyait l'avenir sous de si noires couleurs, qu'elle remercia mentalement le ciel d'abréger ses peines ; elle ne prononça plus un mot de plainte, se laissa glisser à genoux, croisa religieusement ses deux mains sur sa poitrine, ferma les yeux et attendit en priant.

Les laboureurs, surpris de l'attitude et de la résignation muette de la Goualeuse, hésitèrent un moment à accomplir leurs projets sauvages; mais, gourmandés sur leur faiblesse par la partie féminine de l'assemblée, ils recommencèrent de vociférer pour se donner le courage d'accomplir leurs méchants desseins.

Deux des plus furieux allaient saisir Fleur-de-Marie, lorsqu'une voix émue, vibrante, leur cria :

— Arrêtez !

Au même instant madame Georges, qui s'était frayé un passage au milieu de cette foule, arriva auprès de la Goualeuse, toujours agenouillée, la prit dans ses bras, la releva en s'écriant :

— Debout, mon enfant !... debout, ma fille

chérie! on ne s'agenouille que devant Dieu.

L'expression, l'attitude de madame Georges, furent si courageusement impérieuses, que la foule recula, et resta muette.

L'indignation colorait vivement les traits de madame Georges, ordinairement pâles. Elle jeta sur les laboureurs un regard ferme, et leur dit d'une voix haute et menaçante :

— Malheureux!.. n'avez-vous pas honte de vous porter à de telles violences contre cette malheureuse enfant!..

— C'est une...

— C'est ma fille ! — s'écria madame Georges en interrompant un des laboureurs. — M. l'abbé Laporte, que tout le monde bénit et vénère, l'aime et la protége, et ceux qu'il estime doivent être respectés par tout le monde!

Ces simples paroles imposèrent aux laboureurs.

Le curé de Bouqueval était, dans le pays, regardé comme un saint; plusieurs paysans n'ignoraient pas l'intérêt qu'il portait à la

Goualeuse. Pourtant quelques sourds murmures se firent encore entendre ; madame Georges en comprit le sens, et s'écria :

— Cette malheureuse jeune fille, fût-elle la dernière des créatures, fût-elle abandonnée de tous, votre conduite envers elle n'en serait pas moins odieuse. De quoi voulez-vous la punir? Et de quel droit d'ailleurs? Quelle est votre autorité? La force? N'est-il pas lâche, honteux à des hommes de prendre pour victime une jeune fille sans défense! Viens, Marie, viens, mon enfant bien-aimée, retournons chez nous; là, du moins, tu es connue et appréciée...

Madame Georges prit le bras de Fleur-de-Marie; les laboureurs, confus et reconnaissant la brutalité de leur conduite, s'écartèrent respectueusement.

La veuve seule s'avança et dit résolument à madame Georges :

— Cette fille ne sortira pas d'ici qu'elle n'ait fait sa déposition chez le maire, au sujet de l'assassinat de mon pauvre mari.

— Ma chère amie — dit madame Georges en se contraignant — ma fille n'a aucune déposition à faire ici ; plus tard, si la justice trouve bon d'invoquer son témoignage, on la fera appeler, et je l'accompagnerai..... Jusque-là personne n'a le droit de l'interroger.

— Mais, madame... je vous dis...

Madame Georges interrompit la laitière et lui répondit sévèrement :

— Le malheur dont vous êtes victime peut à peine excuser votre conduite ; un jour vous regretterez les violences que vous avez si imprudemment excitées ; mademoiselle Marie demeure avec moi à la ferme de Bouqueval, instruisez-en le juge qui a reçu votre première déclaration, nous attendrons ses ordres.

La veuve ne put rien répondre à ces sages paroles ; elle s'assit sur le parapet de l'abreuvoir, et se mit à pleurer amèrement en embrassant ses enfants.

Quelques minutes après cette scène, Pierre amena le cabriolet ; madame Georges et Fleur-de-Marie y montèrent pour retourner à Bouqueval.

En passant devant la maison de la fermière d'Arnouville, la Goualeuse aperçut Clara ; elle pleurait, à demi cachée derrière une persienne entr'ouverte, et fit à Fleur-de-Marie un signe d'adieu avec son mouchoir.

CHAPITRE XIV.

CONSOLATIONS.

— Ah! madame! quelle honte pour moi! quel chagrin pour vous! — dit Fleur-de-Marie à sa mère adoptive, lorsqu'elle se retrouva seule avec elle dans le petit salon de la ferme de Bouqueval. — Vous êtes sans doute pour toujours fâchée avec madame Dubreuil, et cela à cause de moi. Oh! mes pressentiments!... Dieu m'a punie d'avoir ainsi trompé cette dame et sa fille... je suis un sujet de discorde entre vous et votre amie...

— Mon amie... est une excellente femme, ma chère enfant, mais une pauvre tête faible... Du reste, comme elle a très-bon cœur, demain elle regrettera, j'en suis sûre, son fol emportement d'aujourd'hui...

— Hélas ! madame, ne croyez pas que je veuille la justifier en vous accusant, mon Dieu !... Mais votre bonté pour moi vous a peut-être aveuglée... Mettez-vous à la place de madame Dubreuil... Apprendre que la compagne de sa fille chérie... était... ce que j'étais... dites ? peut-on blâmer son indignation maternelle ?...

Madame Georges ne trouva malheureusement pas un mot à répondre à cette question de Fleur-de-Marie, qui reprit avec exaltation :

— Cette scène flétrissante que j'ai subie aux yeux de tous, demain tout le pays la saura ! Ce n'est pas pour moi que je crains ; mais qui sait maintenant si la réputation de Clara... ne sera pas à tout jamais entachée..., parce qu'elle m'a appelée son amie, sa sœur ! J'aurais dû suivre mon premier mouvement... résister au penchant qui m'attirait vers mademoiselle Dubreuil... et, au risque de lui inspirer de l'aversion, me soustraire à l'amitié qu'elle m'offrait... Mais j'ai oublié la distance qui me séparait d'elle... Aussi, vous le voyez, j'en suis punie, oh! cruellement punie...: car j'aurai peut-être causé un tort irréparable à cette jeune personne, si vertueuse et si bonne...

— Mon enfant — dit madame Georges après quelques moments de réflexion — vous avez tort de vous faire de si douloureux reproches : votre passé est coupable... oui... très-coupable... Mais n'est-ce rien que d'avoir, par votre repentir, mérité la protection de notre vénérable curé? N'est-ce pas sous ses auspices, sous les miens, que vous avez été présentée à madame Dubreuil? vos seules qualités ne lui ont-elles pas inspiré l'attachement qu'elle vous avait librement voué?... N'est-ce pas elle qui vous a demandé d'appeler Clara votre sœur? Et puis enfin, ainsi que je le lui ai dit tout à l'heure, car je ne voulais ni ne devais rien lui cacher, pouvais-je, certaine que j'étais de votre repentir, ébruiter le passé, et rendre ainsi votre réhabilitation plus pénible... impossible, peut-être, en vous désespérant, en vous livrant au mépris de gens qui, aussi malheureux, aussi abandonnés que vous l'avez été, n'auraient peut-être pas, comme vous, conservé le secret instinct de l'honneur et de la vertu? La révélation de cette femme est fâcheuse, funeste; mais devais-je, en la prévenant, sacrifier votre repos futur à une éventualité presque improbable?

— Ah! madame, ce qui prouve que ma position est à jamais fausse et misérable, c'est que, par affection pour moi, vous avez eu raison de cacher le passé, et que la mère de Clara a aussi raison de me mépriser au nom de ce passé; de me mépriser... comme tout le monde me méprisera désormais : car la scène de la ferme d'Arnouville va se répandre, tout va se savoir... Oh! je mourrai de honte... je ne pourrai plus supporter les regards de personne!

— Pas même les miens? Pauvre enfant! — dit madame Georges en fondant en larmes et en ouvrant ses bras à Fleur-de-Marie — tu ne trouveras pourtant jamais dans mon cœur que la tendresse, que le dévouement d'une mère... Courage donc, Marie! ayez la conscience de votre repentir. Vous êtes ici entourée d'amis, eh bien! cette maison sera le monde pour vous... Nous irons au-devant de la révélation que vous craignez : notre bon abbé assemblera les gens de la ferme, qui vous aiment déjà tant; il leur dira la vérité sur le passé... Croyez-moi, mon enfant, sa parole a une telle autorité, que cette révélation vous rendra plus intéressante encore.

—Je vous crois, madame, et je me résignerai; hier, dans notre entretien, M. le curé m'avait annoncé de douloureuses expiations : elles commencent, je ne dois pas m'étonner. Il m'a dit encore que mes souffrances me seraient un jour comptées... je l'espère... Soutenue dans ces épreuves par vous et par lui, je ne me plaindrai pas.

—Vous allez d'ailleurs le voir dans quelques moments, jamais ses conseils ne vous auront été plus salutaires... Voici déjà quatre heures et demie; disposez-vous à aller au presbytère, mon enfant... Je vais écrire à M. Rodolphe pour lui apprendre ce qui est arrivé à la ferme d'Arnouville... Un exprès lui portera ma lettre... puis j'irai vous rejoindre chez notre bon abbé... car il est urgent que nous causions tous trois.

Peu d'instants après, la Goualeuse sortait de la ferme afin de se rendre au presbytère par le chemin creux où la veille le Maître d'école et Tortillard étaient convenus de se retrouver.

CHAPITRE XV.

RÉFLEXION.

. . . . , ...

Ainsi qu'on a pu le voir par ses entretiens avec madame Georges et avec le curé de Bouqueval, Fleur-de-Marie avait si noblement profité des conseils de ses bienfaiteurs, s'était tellement assimilé leurs principes, qu'elle se désespérait de plus en plus en songeant à son abjection passée.

Malheureusement encore son esprit s'était développé à mesure que ses excellents instincts grandissaient, fructifiaient au milieu de l'atmosphère d'honneur et de pureté où elle vivait.

D'une intelligence moins élevée, d'une sensibilité moins exquise, d'une imagination moins vive, Fleur-de-Marie se serait facilement consolée.

Elle s'était repentie, un vénérable prêtre l'avait pardonnée, elle aurait oublié les horreurs de la Cité au milieu des douceurs de la vie rustique qu'elle partageait avec madame Georges; elle se fût enfin livrée sans crainte à l'amitié que lui témoignait mademoiselle Dubreuil, et cela, non par insouciance des fautes qu'elle avait commises, mais par confiance aveugle dans la parole de ceux dont elle reconnaissait l'excellence.

Ils lui disaient : — Maintenant votre bonne conduite vous rend l'égale des honnêtes gens; elle n'aurait vu aucune différence entre elle et les honnêtes gens.

La scène douloureuse de la ferme d'Arnouville l'eût péniblement affectée, mais elle n'aurait pas, pour ainsi dire, prévu, devancé cette scène, en versant des larmes amères, en éprouvant de vagues remords, à la vue de Clara dormant innocente et pure dans la même chambre que l'ancienne pensionnaire de l'ogresse.

RÉFLEXION.

Pauvre fille!... ne s'était-elle pas bien souvent adressé elle-même, dans le silence de ses longues insomnies, des récriminations bien plus poignantes que celles dont les habitants de la ferme l'avaient accablée!

Ce qui tuait lentement Fleur-de-Marie, c'était l'analyse, c'était l'examen incessant de ce qu'elle se reprochait ; c'était surtout la comparaison constante de l'avenir que l'inexorable passé lui imposait, et de l'avenir qu'elle eût rêvé sans cela.

L'esprit d'analyse, d'examen et de comparaison est presque toujours inhérent à la supériorité de l'intelligence. Chez les âmes altières et orgueilleuses cet esprit amène le doute et la révolte contre les autres.

Chez les âmes timides et délicates, cet esprit amène le doute et la révolte contre soi...

On condamne les premiers, ils s'absolvent.

On absout les seconds, ils se condamnent.

Le curé de Bouqueval malgré sa sainteté, madame Georges malgré ses vertus, ou plutôt tous deux à cause de leurs vertus et de leur sainteté, ne pouvaient imaginer ce que souffrait la Goualeuse depuis que son âme, dégagée de ses souillures, pouvait contempler toute la profondeur de l'abîme où on l'avait plongée.

Ils ne savaient pas que les affreux souvenirs de la Goualeuse avaient presque la puissance, la force de la réalité ; ils ne savaient pas que cette jeune fille, d'une sensibilité exquise, d'une imagination rêveuse et poétique, d'une finesse d'impression douloureuse à force de susceptibilité ; ils ne savaient pas que cette jeune fille ne passait pas un jour non sans se rappeler, mais presque sans ressentir, avec une souffrance mêlée de dégoût et d'épouvante, les honteuses misères de son existence d'autrefois.

Qu'on se figure une enfant de seize ans, candide et pure, ayant la conscience de sa candeur et de sa pureté, jetée par quelque pouvoir infernal dans l'infâme taverne de l'ogresse et invinciblement soumise au pouvoir de cette mégère !... Telle était pour Fleur-de-Marie la réaction du passé sur le présent.

Ferons-nous ainsi comprendre l'espèce de ressentiment rétrospectif, ou plutôt le *contre-*

coup moral dont la Goualeuse souffrait si cruellement, qu'elle regrettait, plus souvent qu'elle n'avait osé l'avouer à l'abbé, de n'être pas morte étouffée dans la fange?

Pour peu qu'on réfléchisse et qu'on ait d'expérience de la vie, on ne prendra pas ce que nous allons dire pour un paradoxe :

Ce qui rendait Fleur-de-Marie digne d'intérêt et de pitié, c'est que non-seulement elle n'avait jamais aimé, mais que ses sens étaient toujours restés endormis et glacés. — Si bien souvent, chez des femmes peut-être moins délicatement douées que Fleur-de-Marie, de chastes répulsions succèdent long-temps au mariage, s'étonnera-t-on que cette infortunée, enivrée par l'ogresse, et jetée à seize ans au milieu de la horde de bêtes sauvages ou féroces qui infestaient la Cité, n'ait éprouvé qu'horreur et effroi, et soit sortie moralement pure de ce cloaque?...

Les naïves confidences de Clara Dubreuil au sujet de son candide amour pour le jeune fermier qu'elle devait épouser, avaient navré Fleur-de-Marie; elle aussi sentait qu'elle aurait aimé vaillamment, qu'elle aurait éprouvé l'amour dans tout ce qu'il avait de dévoué, de noble, de pur et de grand; et pourtant il ne lui était plus permis d'inspirer ou d'éprouver ce sentiment; car si elle aimait... elle choisirait en raison de l'élévation de son âme... et plus ce choix serait digne d'elle, plus elle devait s'en croire indigne.

CHAPITRE XVI.

LE CHEMIN CREUX.

Le soleil se couchait à l'horizon; la plaine était déserte, silencieuse.

Fleur-de-Marie approchait de l'entrée du chemin creux qu'il lui fallait traverser pour se rendre au presbytère, lorsqu'elle vit sortir de la ravine un petit garçon boiteux, vêtu d'une blouse grise et d'une casquette bleue; il semblait éploré; et du plus loin qu'il aperçut la Goualeuse il accourut près d'elle.

— Oh! ma bonne dame, ayez pitié de moi, s'il vous plaît — s'écria-t-il en joignant les mains d'un air suppliant.

— Que voulez-vous? qu'avez-vous, mon

enfant? — lui demanda la Goualeuse avec intérêt.

— Hélas! ma bonne dame, ma pauvre grand'mère, qui est bien vieille, bien vieille, est tombée là-bas, en descendant le ravin; elle s'est fait beaucoup de mal... j'ai peur qu'elle se soit cassé la jambe... Je suis trop faible pour l'aider à se relever... Mon Dieu, comment faire, si vous ne venez pas à mon secours? Pauvre grand'mère! elle va mourir peut-être!

La Goualeuse, touchée de la douleur du petit boiteux, s'écria :

— Je ne suis pas très-forte non plus, mon enfant, mais je pourrai peut-être vous aider à secourir votre grand'mère... Allons vite près d'elle... Je demeure à cette ferme là-bas... si la pauvre vieille ne peut s'y transporter avec nous, je l'enverrai chercher.

— Oh! ma bonne dame, le bon Dieu vous bénira, bien sûr... C'est par ici... à deux pas, dans le chemin creux, comme je vous le disais; c'est en descendant la berge qu'elle a tombé.

— Vous n'êtes donc pas du pays? — demanda la Goualeuse en suivant Tortillard, que l'on a sans doute déjà reconnu.

— Non, ma bonne dame, nous venons d'Ecouen.

— Et où alliez-vous?

— Chez un bon curé qui demeure sur la colline là-bas... — dit le fils de Bras-Rouge, pour augmenter la confiance de Fleur-de-Marie.

— Chez M. l'abbé Laporte, peut-être?

— Oui, ma bonne dame, chez M. l'abbé Laporte; ma pauvre grand'mère le connaît beaucoup, beaucoup...

— J'allais justement chez lui; quelle rencontre! — dit Fleur-de-Marie en s'enfonçant de plus en plus dans le chemin creux.

— Grand'maman!.. me voilà, me voilà!.. Prends patience... je t'amène du secours... — cria Tortillard, pour prévenir le Maître d'école et la Chouette de se tenir prêts à saisir leur victime.

— Votre grand'mère n'est donc pas tombée loin d'ici? — demanda la Goualeuse.

— Non, ma bonne dame, derrière ce gros arbre là-bas, où le chemin tourne, à vingt pas d'ici.

Tout à coup Tortillard s'arrêta.

Le bruit du galop d'un cheval retentit dans le silence de la plaine.

— Tout est encore perdu! — se dit Tortillard.

Le chemin faisait un coude très-prononcé à quelques toises de l'endroit où le fils de Bras-Rouge se trouvait avec la Goualeuse.

Un cavalier parut à ce détour; lorsqu'il fut auprès de la jeune fille il s'arrêta.

On entendit alors le trot d'un autre cheval, et quelques moments après survint un domestique vêtu d'une redingote brune à boutons d'argent, d'une culotte de peau blanche et de bottes à revers. Une étroite ceinture de cuir fauve serrait derrière sa taille le *makintosh* de son maître.

Le maître, vêtu simplement d'une épaisse rêdingote bronze et d'un pantalon gris-clair, montait avec une grâce parfaite un cheval bai, de pur sang, d'une beauté singulière;

malgré la longue course qu'il venait de faire, le lustre éclatant de sa robe à reflets dorés ne se ternissait pas même d'une légère moiteur.

Le cheval du groom, qui resta immobile à quelques pas de son maître, était aussi plein de race et de distinction.

Dans ce cavalier, d'une figure brune et charmante, Tortillard reconnut M. le vicomte de Saint-Remy, que l'on supposait être l'amant de madame la duchesse de Lucenay.

— Ma jolie fille — dit le vicomte à la Goualeuse, dont la beauté le frappa — auriez-vous l'obligeance de m'indiquer la route du village d'Arnouville?

Marie, baissant les yeux devant le regard profond et hardi de ce jeune homme, répondit:

— En sortant du chemin creux, monsieur, vous prendrez le premier sentier à main droite: ce sentier vous conduira à une avenue de cerisiers qui mène directement à Arnouville.

— Mille grâces, ma belle enfant... Vous me renseignez mieux qu'une vieille femme que j'ai trouvée à deux pas d'ici, étendue au pied d'un arbre; je n'ai pu tirer d'elle autre chose que des gémissements.

— Ma pauvre grand'mère!.. — murmura Tortillard d'une voix dolente.

— Maintenant, encore un mot — reprit M. de Saint-Remy en s'adressant à la Goualeuse — pouvez-vous me dire si je trouverai facilement à Arnouville la ferme de M. Dubreuil?

La Goualeuse ne put s'empêcher de tressaillir à ces mots qui lui rappelaient la pénible scène de la matinée; elle répondit:

— Les bâtiments de la ferme bordent l'avenue que vous allez suivre pour vous rendre à Arnouville, monsieur.

— Encore une fois, merci, ma belle enfant! — dit M. de Saint-Remy; et il partit au galop, suivi de son groom.

Les traits charmants du vicomte s'étaient quelque peu déridés pendant qu'il parlait à Fleur-de-Marie; dès qu'il fut seul, ils redevinrent sombres et contractés par une inquiétude profonde.

Fleur-de-Marie, se souvenant de la personne inconnue pour qui l'on préparait à la hâte un pavillon de la ferme d'Arnouville par les ordres de madame de Lucenay, ne douta pas qu'il ne s'agît de ce jeune et beau cavalier.

Le galop des chevaux ébranla quelque temps encore la terre durcie par la gelée; il s'amoindrit, cessa...

Tout redevint silencieux.

Tortillard respira.

Voulant rassurer et avertir ses complices, dont l'un, le Maître d'école, s'était dérobé à la vue des cavaliers, le fils de Bras-Rouge s'écria:

— Grand'mère!... me voilà... avec une bonne dame qui vient à ton secours!...

— Vite, vite, mon enfant! ce monsieur à cheval nous a fait perdre quelques minutes... — dit la Goualeuse en hâtant le pas, afin d'atteindre le tournant du chemin creux.

A peine y arriva-t-elle, que la Chouette, qui s'y tenait embusquée, dit à voix basse:

— A moi, fourline!

Puis, sautant sur la Goualeuse, la borgnesse la saisit au cou d'une main, et de l'autre lui comprima les lèvres, pendant que Tortillard, se jetant aux pieds de la jeune fille, se cramponnait à ses jambes pour l'empêcher de faire un pas.

Ceci s'était passé si rapidement, que la Chouette n'avait pas eu le temps d'examiner les traits de la Goualeuse ; mais dans le peu d'instants qu'il fallut au Maître d'école pour sortir du trou où il s'était tapi et pour venir à tâtons avec son manteau, la vieille reconnut son ancienne victime.

— La Pégriotte !... — s'écria-t-elle d'abord stupéfaite ; puis elle ajouta avec une joie féroce : — C'est encore toi?... Ah ! c'est le *boulanger* qui t'envoie... c'est ton sort de retomber toujours sous ma griffe !... J'ai mon vitriol dans le fiacre... cette fois, ta jolie frimousse y passera... car tu *m'enrhumes* avec ta figure de vierge... A toi, mon homme !... prends garde qu'elle ne te morde, et tiens-la bien pendant que nous allons l'embaluchonner...

De ses deux mains puissantes le Maître

d'école saisit la Goualeuse ; et avant qu'elle eût pu pousser un cri, la Chouette lui jeta le manteau sur la tête et l'enveloppa étroitement.

En un instant, Fleur-de-Marie liée, bâillonnée, fut mise dans l'impossibilité de faire un mouvement ou d'appeler à son secours.

— Maintenant, à toi le paquet, fourline... — dit la Chouette. — Eh ! eh ! eh !... c'est seulement pas si lourd que la *négresse* de la femme noyée du canal Saint-Martin... n'est-ce pas, mon homme ? — Et comme le brigand tressaillait à ces mots qui lui rappelaient son épouvantable rêve de la nuit, la borgnesse reprit :
— Ah çà ! qu'est-ce que tu as donc, fourline?... on dirait que tu grelottes?... depuis ce matin, par instants les dents te claquent comme si tu avais la fièvre, et alors tu regardes en l'air comme si tu y cherchais quelque chose.

— Gros *feignant!*... il regarde les mouches voler — dit Tortillard.

— Allons vite, filons, mon homme! emballe-moi la Pégriotte... A la bonne heure ! — ajouta la Chouette en voyant le brigand prendre Fleur-de-Marie entre ses bras comme on prend un enfant endormi.— Vite au fiacre... vite!

— Mais qui est-ce qui va me conduire... moi?— demanda le Maître d'école d'une voix sourde, en étreignant son souple et léger fardeau dans ses bras d'hercule.

— Vieux têtard! il pense à tout — dit la Chouette.

Et, écartant son châle, elle dénoua un foulard rouge qui couvrait son cou décharné, tordit à moitié ce mouchoir dans sa longueur, et dit au Maître d'école :

— Ouvre la gargoine, prends le bout de ce foulard entre tes quenottes ; serre bien... Tortillard prendra l'autre bout à la main ; tu n'auras qu'à le suivre... A bon aveugle, bon chien... Ici, moutard!

Le petit boiteux fit une gambade, murmura à voix basse un jappement imitatif et grotesque, prit dans sa main l'autre bout du mouchoir, et conduisit ainsi le Maître d'école, pendant que la Chouette hâtait le pas pour aller prévenir le Barbillon.

Nous avons renoncé à peindre la terreur de Fleur-de-Marie lorsqu'elle s'était vue au pouvoir de la Chouette et du Maître d'école. Elle se sentit défaillir et ne put opposer la moindre résistance.

Quelques minutes après, la Goualeuse était transportée dans le fiacre conduit par Barbillon ; quoiqu'il fît nuit, les stores de cette voiture furent soigneusement fermés, et les trois complices se dirigèrent, avec leur victime presque expirante, vers la plaine Saint-Denis, où Tom les attendait.

FIN DE LA TROISIÈME PARTIE.

QUATRIÈME PARTIE.

CHAPITRE PREMIER.

CLÉMENCE D'HARVILLE.

Le lecteur nous excusera d'abandonner une de nos héroïnes dans une situation si critique, situation dont nous dirons plus tard le dénoûment.

Les exigences de ce récit multiple, malheureusement trop varié dans son unité, nous forcent de passer incessamment d'un personnage à un autre, afin de faire, autant qu'il est en nous, marcher et progresser l'intérêt général de l'œuvre (si toutefois il y a de l'intérêt dans cette œuvre aussi difficile que consciencieuse et imparfaite).

Nous avons encore à suivre quelques-uns des acteurs de ce récit dans ces mansardes où frissonne, de froid et de faim, une misère timide, résignée, probe et laborieuse.

Dans ces prisons d'hommes et de femmes, prisons souvent coquettes et fleuries, souvent noires et funèbres, mais toujours vastes écoles de perdition, atmosphère nauséabonde et viciée, où l'innocence s'étiole et se flétrit... sombres pandémoniums où un prévenu peut entrer pur, mais d'où il sort presque toujours corrompu...

Dans ces hôpitaux où le pauvre, traité parfois avec une touchante humanité, regrette aussi parfois le grabat solitaire qu'il trempait de la sueur glacée de la fièvre...

Dans ces mystérieux asiles où la fille séduite et délaissée met au jour, en l'arrosant de larmes amères, l'enfant qu'elle ne doit plus revoir...

Dans ces lieux terribles où la folie, touchante, grotesque, stupide, hideuse ou féroce, se montre sous des aspects toujours effrayants... depuis l'insensé paisible qui rit tristement de ce rire qui fait pleurer... jusqu'au frénétique qui rugit comme une bête féroce en s'accrochant aux grilles de son cabanon.

Nous avons enfin à explorer...

Mais à quoi bon cette trop longue énumération? Ne devons-nous pas craindre d'effrayer le lecteur? il a déjà bien voulu nous faire la grâce de nous suivre en des lieux assez étranges, il hésiterait peut-être à nous accompagner dans de nouvelles pérégrinations.

Cela dit, passons.

. . . .

On se souvient que la veille du jour où s'accomplissaient les événements que nous venons de raconter (l'enlèvement de la Goualeuse par la Chouette), Rodolphe avait sauvé madame d'Harville d'un danger imminent; danger suscité par la jalousie de Sarah, qui avait prévenu M. d'Harville du rendez-vous si imprudemment accordé par la marquise à M. Charles Robert.

Rodolphe, profondément ému de cette scène, était rentré chez lui en sortant de la maison de la rue du Temple, remettant au lendemain la visite qu'il comptait faire à mademoiselle Rigolette et à la famille de malheureux artisans dont nous avons parlé; car il les croyait à l'abri du besoin, grâce à l'argent qu'il avait remis pour eux à la marquise afin de rendre sa prétendue visite de charité plus vraisemblable aux yeux de M. d'Harville. Malheureusement Rodolphe ignorait que Tortillard s'était emparé de cette bourse, et l'on sait comment le petit boiteux avait commis ce vol audacieux.

Vers les quatre heures, le prince reçut la lettre suivante...

Une femme âgée l'avait apportée, et s'en était allée sans attendre la réponse.

« Monseigneur,

» Je vous dois plus que la vie; je voudrais vous exprimer aujourd'hui même ma profonde reconnaissance. Demain peut-être la honte me rendrait muette... Si vous pouviez me faire l'honneur de venir chez moi ce soir, vous finiriez cette journée comme vous l'avez commencée, monseigneur... par une généreuse action.

» D'Orbigny-d'Harville.

» *P. S.* Ne prenez pas la peine de me répondre, monseigneur; je serai chez moi toute la soirée. »

Rodolphe, heureux d'avoir rendu à madame d'Harville un service éminent, regrettait pourtant l'espèce d'intimité forcée que cette circonstance établissait tout à coup entre lui et la marquise.

Incapable de trahir l'amitié de M. d'Harville, mais profondément touché de la grâce spirituelle et de l'attrayante beauté de Clémence, Rodolphe, s'apercevant de son goût trop vif pour elle, avait presque renoncé à la voir après un mois d'assiduités.

Aussi se rappelait-il avec émotion l'entretien qu'il avait surpris à l'ambassade de *** entre Tom et Sarah... Celle-ci, pour motiver sa haine et sa jalousie, avait affirmé, non sans raison, que madame d'Harville ressentait toujours presque à son insu une sérieuse affection pour Rodolphe; Sarah était trop sagace, trop fine, trop initiée à la connaissance du cœur humain pour n'avoir pas compris que Clémence, se croyant négligée, dédaignée peut-être par un homme qui avait fait sur elle une impression profonde; que Clémence, dans son dépit, cédant aux obsessions d'une amie perfide, avait pu s'intéresser, presque par surprise, aux malheurs imaginaires de M. Charles Robert, sans pour cela oublier complétement Rodolphe.

D'autres femmes, fidèles au souvenir de l'homme qu'elles avaient d'abord distingué, seraient restées indifférentes aux mélancoliques regards du *commandant*. Clémence d'Harville fut donc doublement coupable, quoiqu'elle n'eût cédé qu'à la séduction du malheur, et qu'un vif sentiment du devoir, joint peut-être au souvenir du prince, souvenir salutaire qui veillait au fond de son cœur, l'eût préservée d'une faute irréparable.

Rodolphe, en songeant à son entrevue avec madame d'Harville, était en proie à de bizarres contradictions. Bien résolu de résister au penchant qui l'entraînait vers elle, tantôt il s'estimait heureux de pouvoir la *désaimer*, en lui reprochant un choix aussi fâcheux que celui de M. Charles Robert; tantôt au contraire il regrettait amèrement de voir tomber le prestige dont il l'avait jusqu'alors entourée.

. . . .

Clémence d'Harville attendait aussi cette entrevue avec anxiété; les deux sentiments qui prédominaient en elle étaient une douloureuse confusion lorsqu'elle pensait à Rodolphe... une aversion profonde lorsqu'elle pensait à M. Charles Robert.

Beaucoup de raisons motivaient cette aversion, cette haine.

Une femme risquera son repos, son honneur pour un homme; mais elle ne lui pardonnera jamais de l'avoir mise dans une position humiliante ou ridicule.

Or, madame d'Harville, en butte aux sarcasmes et aux insultants regards de madame Pipelet, avait failli mourir de honte.

Ce n'était pas tout.

Recevant de Rodolphe l'avis du danger qu'elle courait, Clémence avait monté précipitamment au cinquième ; la direction de l'escalier était telle, qu'en le gravissant elle aperçut M. Charles Robert vêtu de son éblouissante robe de chambre, au moment où, reconnaissant le pas léger de la femme qu'il attendait, il entre-bâillait sa porte d'un air souriant, confiant et conquérant... L'insolente fatuité du costume *significatif* du *commandant* apprit à la marquise combien elle s'était grossièrement trompée sur cet homme. Entraînée par la bonté de son cœur, par la générosité de son caractère, à une démarche qui pouvait la perdre, elle lui avait accordé ce rendez-vous non par amour, mais seulement par commisération, afin de le consoler du rôle ridicule que le mauvais goût de M. le duc de Lucenay lui avait fait jouer devant elle à l'ambassade de ***.

Qu'on juge de la déconvenue, du dégoût de madame d'Harville à l'aspect de M. Charles Robert... vêtu en triomphateur!..

Neuf heures venaient de sonner à la pendule du petit salon où madame d'Harville se tenait habituellement.

Les modistes et les cabaretiers ont tellement abusé du style Louis XV et du style *Renaissance*, que la marquise, femme de beaucoup de goût, avait prohibé de son appartement cette espèce de luxe devenu si vulgaire, le reléguant dans la partie de l'hôtel d'Harville destinée aux grandes réceptions.

Rien de plus élégant et de plus distingué que l'ameublement du salon où la marquise attendait Rodolphe.

La tenture et les rideaux, sans pentes ni draperies, étaient d'une étoffe de l'Inde, couleur paille; sur ce fond brillant se dessinaient, brodées en soie mate de même nuance, des arabesques du goût le plus charmant et le plus capricieux. De doubles rideaux de point d'Alençon cachaient entièrement les vitres.

Les portes, en bois de rose, étaient rehaussées de moulures d'argent doré très-délicatement ciselées qui encadraient dans chaque panneau un médaillon ovale en porcelaine de Sèvres de près d'un pied de diamètre, représentant des oiseaux et des fleurs d'un fini, d'un éclat admirables. Les bordures des glaces et les baguettes de la tenture étaient aussi de bois de rose relevé des mêmes ornements d'argent doré.

La frise de la cheminée de marbre blanc et ses deux cariatides d'une beauté antique et d'une grâce exquise, étaient dues au ciseau magistral de Marochetti, cet artiste éminent ayant consenti à sculpter ce délicieux chef-d'œuvre, se souvenant sans doute que Benvenuto ne dédaignait pas de modeler des aiguières et des armures.

Deux candélabres et deux flambeaux de vermeil, précieusement travaillés par *Gouttière*, accompagnaient la pendule, bloc carré de lapis-lazuli, élevé sur un socle de jaspe oriental et surmonté d'une large et magnifique coupe d'or émaillée, enrichie de perles et de rubis et appartenant au plus beau temps de la Renaissance florentine...

Plusieurs excellents tableaux de l'école vénitienne, de moyenne grandeur, complétaient un ensemble d'une haute magnificence.

Grâce à une innovation charmante, ce joli salon était doucement éclairé par une lampe dont le globe de cristal dépoli disparaissait à demi au milieu d'une touffe de fleurs naturelles contenues dans une profonde et immense coupe du Japon bleue, pourpre et or, suspendue au plafond, comme un lustre, par trois grosses chaînes de vermeil, auxquelles s'enroulaient les tiges vertes de plusieurs plantes grimpantes; quelques-uns de leurs rameaux flexibles et chargés de fleurs, débordant la coupe, retombaient gracieusement, comme une frange de fraîche verdure, sur la porcelaine émaillée d'or, de pourpre et d'azur.

Nous insistons sur ces détails, sans doute puérils, pour donner une idée du bon goût naturel de madame d'Harville (symptôme presque toujours sûr d'un bon esprit), et parce que certaines misères ignorées, certains mystérieux malheurs semblent encore plus poignants lorsqu'ils contrastent avec les apparences de ce qui fait aux yeux de tous la vie heureuse et enviée.

Plongée dans un grand fauteuil totalement recouvert d'étoffe couleur paille, comme les autres meubles, Clémence d'Harville, coiffée en cheveux, portait une robe de velours noir montante, sur laquelle se découpait le merveilleux travail de son large col et de ses manchettes plates en point d'Angleterre, qui empêchaient le noir du velours de trancher trop crûment sur l'éblouissante blancheur de ses mains et de son cou.

A mesure qu'approchait le moment de son entrevue avec Rodolphe, l'émotion de la marquise redoublait. Pourtant sa confusion fit place à des pensées plus résolues : après de longues réflexions, elle prit le parti de confier à Rodolphe un grand... un cruel secret, espérant que son extrême franchise lui concilierait peut-être une estime dont elle se montrait si jalouse.

Ravivé par la reconnaissance, son premier penchant pour Rodolphe se réveillait avec une nouvelle force. Un de ces pressentiments qui trompent rarement les cœurs aimants lui disait que le hasard seul n'avait pas amené le prince si à point pour la sauver, et qu'en cessant depuis quelques mois de la voir il avait cédé à un sentiment tout autre qu'à celui de l'aversion. Un vague instinct élevait aussi dans l'esprit de Clémence des doutes sur la sincérité de l'affection de Sarah.

Au bout de quelques minutes, un valet de chambre, après avoir discrètement frappé, entra et dit à Clémence :

— Madame la marquise veut-elle recevoir madame Asthon et *Mademoiselle?*

— Mais sans doute, comme toujours... — répondit madame d'Harville — et sa fille entra lentement dans le salon...

C'était une enfant de quatre ans, qui eût été d'une figure charmante sans sa pâleur maladive et sa maigreur extrême. Madame Asthon, sa gouvernante, la tenait par la main; Claire (c'était le nom de l'enfant), malgré sa faiblesse, se hâta d'accourir vers sa mère en lui tendant les bras. Deux nœuds de rubans cerise rattachaient au-dessus de chaque tempe ses cheveux bruns, nattés et roulés de chaque côté de son front; sa santé était si frêle qu'elle portait une petite douillette de soie brune ouatée, au lieu d'une de ces jolies robes de mousseline blanche, garnies de rubans pareils à la coiffure, et bien décolletées, afin qu'on puisse voir ces bras roses, ces épaules fraîches et satinées, si charmants chez les enfants bien portants.

Les grands yeux noirs de cet enfant semblaient énormes, tant ses joues étaient creuses. Malgré cette apparence débile, un sourire plein de gentillesse et de grâce épanouit les traits de Claire lorsqu'elle fut placée sur les genoux de sa mère qui l'embrassait avec une sorte de tendresse triste et passionnée.

— Comment a-t-elle été depuis tantôt, madame Asthon? — demanda madame d'Harville à la gouvernante.

— Assez bien, madame la marquise, quoiqu'un moment j'aie craint...

— Encore! — s'écria Clémence en serrant sa fille contre son cœur avec un mouvement d'effroi involontaire.

— Heureusement, madame, je m'étais trompée — dit la gouvernante; l'accès n'a pas eu lieu, mademoiselle Claire s'est calmée; elle n'a éprouvé qu'un moment de faiblesse... Elle a peu dormi cette après-dînée; mais elle n'a pas voulu se coucher sans venir embrasser madame la marquise.

— Pauvre petit ange aimé! — dit madame d'Harville en couvrant sa fille de baisers.

Celle-ci lui rendait ses caresses avec une joie enfantine, lorsque le valet de chambre ouvrit les deux battants de la porte du salon, et annonça :

— Son Altesse Sérénissime monseigneur le grand-duc de Gérolstein !

Claire, montée sur les genoux de sa mère, lui avait jeté ses deux bras autour du cou et l'embrassait étroitement. A l'aspect de Rodolphe, Clémence rougit, posa doucement sa fille sur le tapis, fit signe à madame Asthon d'emmener l'enfant, et se leva.

— Vous me permettrez, madame — dit Rodolphe en souriant après avoir salué respectueusement la marquise — de renouveler connaissance avec mon ancienne petite amie, qui, je le crains bien, m'aura oublié.

Et, se courbant un peu, il tendit la main à Claire.

Celle-ci attacha d'abord curieusement sur lui ses deux grands yeux noirs ; puis, le reconnaissant, elle fit un gentil signe de tête, et lui envoya un baiser du bout de ses doigts amaigris.

— Vous reconnaissez monseigneur, mon enfant?—demanda Clémence à Claire; celle-ci baissa la tête affirmativement, et envoya un nouveau baiser à Rodolphe.

—Sa santé paraît s'être améliorée depuis que je ne l'ai vue — dit-il avec intérêt en s'adressant à Clémence.

— Monseigneur, elle va un peu mieux, quoique toujours souffrante.

La marquise et le prince, aussi embarrassés l'un que l'autre en songeant à leur prochain entretien, étaient presque satisfaits de le voir reculé de quelques minutes par la présence de Claire; mais la gouvernante ayant discrètement emmené l'enfant, Rodolphe et Clémence se trouvèrent seuls.

CHAPITRE II.

LES AVEUX.

Le fauteuil de madame d'Harville était placé à droite de la cheminée, où Rodolphe, resté debout, s'accoudait légèrement.

Jamais Clémence n'avait été plus frappée du noble et gracieux ensemble des traits du prince; jamais sa voix ne lui avait semblé plus douce et plus vibrante.

Sentant combien il était pénible pour la marquise de commencer cette conversation, Rodolphe lui dit :

— Vous avez été, madame, victime d'une trahison indigne : une lâche délation de la comtesse Sarah Mac-Gregor a failli vous perdre.

— Il serait vrai, monseigneur? — s'écria Clémence.— Mes pressentiments ne me trompaient donc pas... et comment Votre Altesse a-t-elle pu savoir?..

— Hier, par hasard, au bal de la comtesse ***, j'ai découvert le secret de cette infamie. J'étais assis dans un endroit écarté du jardin d'hiver. Ignorant qu'un massif de verdure me séparait d'eux et me permettait de les entendre, la comtesse Sarah et son frère vinrent s'entretenir près de moi de leurs projets et du piége qu'ils vous tendaient. Voulant vous prévenir du péril dont vous étiez menacée, je me rendis à la hâte au bal de madame de Nerval, croyant vous y trouver : vous n'y aviez pas paru. Vous écrire ici ce matin, c'était exposer ma lettre à tomber entre les mains du marquis, dont les soupçons devaient être éveillés. J'ai préféré aller vous attendre rue du Temple, pour déjouer la trahison de la comtesse Sarah. Vous me pardonnez, n'est-ce pas, de vous entretenir si long-temps d'un sujet qui doit vous être désagréable? Sans la lettre que vous avez eu la bonté de m'écrire... de ma vie je ne vous eusse parlé de tout ceci...

Après un moment de silence, madame d'Harville dit à Rodolphe :

— Je n'ai qu'une manière, monseigneur, de vous prouver ma reconnaissance... c'est de vous faire un aveu que je n'ai fait à personne. Cet aveu ne me justifiera pas à vos yeux, mais il vous fera peut-être trouver ma conduite moins coupable.

— Franchement, madame — dit Rodolphe en souriant — ma position envers vous est très-embarrassante...

Clémence, étonnée de ce ton presque léger, regarda Rodolphe avec surprise.

— Comment, monseigneur ?

— Grâce à une circonstance que vous devinerez sans doute, je suis obligé de faire... un peu le grand parent, à propos d'une aventure qui, dès que vous aviez échappé au piége odieux de la comtesse Sarah, ne méritait pas d'être prise si gravement... Mais — ajouta Rodolphe avec une nuance de gravité douce et affectueuse — votre mari est pour moi presque un frère ; mon père avait voué à son père la plus affectueuse gratitude... C'est donc très-sérieusement que je vous félicite d'avoir rendu à votre mari le repos et la sécurité.

— Et c'est aussi parce que vous honorez M. d'Harville de votre amitié, monseigneur, que je tiens à vous apprendre la vérité tout entière... et sur un choix qui doit vous sembler aussi malheureux qu'il l'est réellement... et sur ma conduite, qui offense celui que Votre Altesse appelle presque son frère...

— Je serai toujours, madame, heureux et fier de la moindre preuve de votre confiance. Cependant, permettez-moi de vous dire, à propos du choix dont vous parlez, que je sais que vous avez cédé autant à un sentiment de pitié sincère qu'à l'obsession de la comtesse Sarah Mac-Gregor, qui avait ses raisons pour vouloir vous perdre... Je sais encore que vous avez hésité long-temps avant de vous résoudre à la démarche que vous regrettez tant à cette heure.

Clémence regarda le prince avec surprise.

— Cela vous étonne? Je vous dirai mon

secret un autre jour, afin de ne pas passer à vos yeux pour sorcier — reprit Rodolphe en souriant. — Mais votre mari est-il complétement rassuré?

— Oui, monseigneur — dit Clémence en baissant les yeux avec confusion; — et, je vous l'avoue, il m'est pénible de l'entendre me demander pardon de m'avoir soupçonnée, et s'extasier sur mon modeste silence à propos de mes bonnes œuvres.

— Il est heureux de son illusion, ne vous la reprochez pas; maintenez-le toujours, au contraire, dans sa douce erreur... S'il ne m'était interdit de parler légèrement de cette aventure, et s'il ne s'agissait pas de vous, madame... je dirais que jamais une femme n'est plus charmante pour son mari que lorsqu'elle a quelque tort à dissimuler. On n'a pas idée de toutes les séduisantes câlineries qu'une mauvaise conscience inspire, on n'imagine pas toutes les fleurs ravissantes que fait souvent éclore une perfidie... Quand j'étais *ieune* — ajouta Rodolphe en souriant — j'éprouvais toujours, malgré moi, une vague défiance lors de certains redoublements de tendresse; et comme de mon côté je ne me sentais jamais plus à mon avantage que lorsque j'avais quelque chose à me faire pardonner, dès qu'on se montrait pour moi aussi perfidement aimable que je voulais le paraître, j'étais bien sûr que ce charmant accord... cachait une infidélité mutuelle.

Madame d'Harville s'étonnait de plus en plus d'entendre Rodolphe parler en raillant d'une aventure qui avait pu avoir pour elle des suites si terribles; mais, devinant bientôt que le prince, par cette affectation de légèreté, tâchait d'amoindrir l'importance du service qu'il lui avait rendu, elle lui dit, profondément touchée de cette délicatesse :

— Je comprends votre générosité, monseigneur... Permis à vous maintenant de plaisanter et d'oublier le péril auquel vous m'avez arrachée... Mais ce que j'ai à vous dire, moi, est si grave, si triste, cela a tant de rapport avec les événements de ce matin, vos conseils peuvent m'être si utiles, que je vous supplie de vous rappeler que vous m'avez sauvé l'honneur et la vie... oui, monseigneur, la vie... Mon mari était armé ; il me l'a avoué dans l'excès de son repentir; il voulait me tuer!..

— Grand Dieu! — s'écria Rodolphe avec une vive émotion.

— C'était son droit... — reprit amèrement madame d'Harville.

— Je vous en conjure, madame — répondit Rodolphe très-sérieusement cette fois — croyez-moi, je suis incapable de rester indifférent à ce qui vous intéresse; si tout à l'heure j'ai plaisanté, c'est que je ne voulais pas appesantir tristement votre pensée sur cette matinée, qui a dû vous causer une si terrible émotion. Maintenant, madame, je vous écoute religieusement, puisque vous me faites la grâce de me dire que mes conseils peuvent vous être bons à quelque chose.

— Oh! bien utiles, monseigneur! Mais, avant de vous les demander, permettez-moi de vous dire quelques mots d'un passé que vous ignorez... des années qui ont précédé mon mariage avec M. d'Harville.

Rodolphe s'inclina, Clémence continua :

— A seize ans je perdis ma mère — dit-elle sans pouvoir retenir une larme; — je ne vous dirai pas combien je l'adorais; figurez-vous, monseigneur, l'idéal de la bonté sur la terre; sa tendresse pour moi était extrême, elle y trouvait une consolation profonde à d'amers chagrins... Aimant peu le monde, d'une santé délicate, naturellement très-sédentaire, son plus grand plaisir avait été de se charger seule de mon instruction; car ses connaissances solides, variées, lui permettaient de remplir mieux que personne la tâche qu'elle s'était imposée.

Jugez, monseigneur, de son étonnement, du mien, lorsqu'à seize ans, au moment où mon éducation était presque terminée, mon père, prétextant de la faiblesse de la santé de ma mère, nous annonça qu'une jeune veuve fort distinguée, que de grands malheurs rendaient très-intéressante, se chargerait d'achever ce que ma mère avait commencé... Ma mère se refusa d'abord au désir de mon père. Moi-même je le suppliai de ne pas mettre entre elle et moi une étrangère; il fut inexorable, malgré nos larmes. Madame Roland, veuve d'un colonel mort dans l'Inde... disait-elle, vint habiter avec nous, et fut chargée de remplir auprès de moi les fonctions d'institutrice...

— Comment! c'est cette madame Roland que monsieur votre père a épousée presque aussitôt après votre mariage?

— Oui, monseigneur.

— Elle était donc très-belle?

— Médiocrement jolie, monseigneur.

— Très-spirituelle, alors?

— De la dissimulation... de la ruse... rien de plus... Elle avait vingt-cinq ans environ, des cheveux blonds très-pâles, des cils presque blancs, de grands yeux ronds d'un bleu clair... sa physionomie était humble et doucereuse; son caractère, perfide jusqu'à la cruauté, était en apparence prévenant jusqu'à la bassesse.

— Et son instruction?

— Complétement nulle, monseigneur; et je ne puis comprendre comment mon père, jusqu'alors si esclave des convenances, n'avait pas songé que l'incapacité de cette femme trahirait scandaleusement le véritable motif de sa présence chez lui. Ma mère lui fit observer que madame Roland était d'une ignorance profonde; il lui répondit avec un accent qui n'admettait pas de réplique, que, savante ou non, cette jeune et intéressante veuve garderait chez lui... la position qu'il lui avait faite. Je l'ai su plus tard : dès ce moment, ma pauvre mère comprit tout, et s'affecta profondément, déplorant moins, je pense, l'infidélité de mon père que les désordres intérieurs que cette liaison devait amener... et dont le bruit pouvait parvenir jusqu'à moi.

— Mais, en effet, même au point de vue de sa folle passion, monsieur votre père faisait, ce me semble, un mauvais calcul en introduisant cette femme chez lui.

— Votre étonnement redoublerait encore, monseigneur, si vous saviez que mon père est l'homme du caractère le plus formaliste et le plus entier que je connaisse; il fallait, pour l'amener à un pareil oubli de toute convenance... l'influence excessive de madame Roland, influence d'autant plus certaine qu'elle la dissimulait sous les dehors d'une violente passion pour lui.

— Mais quel âge avait donc alors monsieur votre père?

— Soixante ans environ.

— Et il croyait à l'amour de cette jeune femme?

— Mon père a été un des hommes les plus à la mode de son temps... madame Roland, obéissant à son instinct ou à d'habiles conseils...

— Des conseils!... et qui pouvait la conseiller?

— Je vous le dirai tout à l'heure, monseigneur. Devinant qu'un homme à bonnes fortunes, lorsqu'il atteint la vieillesse, aime d'autant plus à être flatté sur ses agréments extérieurs que ces louanges lui rappellent le plus beau temps de sa vie, cette femme, le croiriez-vous, monseigneur? flatta mon père sur la grâce et sur le charme de ses traits, sur l'élégance inimitable de sa taille et de sa tournure; et il avait soixante ans... tout le monde apprécie sa haute intelligence, et il a donné aveuglément dans ce piége grossier. Telle a été, telle est encore, je n'en doute pas, la cause de l'influence de cette femme sur lui... Tenez, monseigneur, malgré mes tristes préoccupations, je ne puis m'empêcher de sourire en me rappelant d'avoir, avant mon mariage, souvent entendu dire et soutenir par madame Roland que ce qu'elle appelait la *maturité réelle* était le plus bel âge de la vie... cette *maturité réelle* ne commençait guère, il est vrai, que vers cinquante-cinq ou soixante ans.

— L'âge de monsieur votre père?

— Oui, monseigneur... Alors seulement, disait madame Roland, l'esprit et l'expérience avaient acquis leur dernier développement; alors seulement un homme éminemment placé dans le monde jouissait de toute la considération à laquelle il pouvait prétendre; alors seulement aussi l'ensemble de ses traits, la bonne grâce de ses manières atteignaient leur perfection; la physionomie offrant à cette époque de la vie un rare et divin mélange de gracieuse sérénité et de douce gravité. Enfin une légère teinte de mélancolie, causée par les déceptions qu'amène toujours l'expérience... complétait le charme irrésistible de la *maturité réelle;* charme seulement appréciable, se hâtait d'ajouter madame Roland, pour les femmes d'esprit et de cœur qui ont le bon goût de hausser les épaules aux éclats de jeunesse effarée de ces petits étourdis de quarante ans dont le caractère n'offre aucune sûreté et dont les traits d'une insignifiante juvénilité ne se sont pas encore poétisés par cette majestueuse expression qui décèle la science profonde de la vie.

Rodolphe ne put s'empêcher de sourire de la verve ironique avec laquelle madame d'Harville traçait le portrait de sa belle-mère.

— Il est une chose que je ne pardonne jamais aux gens ridicules — dit-il à la marquise.

— Quoi donc, monseigneur?

— C'est d'être méchants... cela empêche de rire d'eux tout à son aise.

— C'est peut-être un calcul de leur part — dit Clémence.

— Je le croirais assez, et c'est dommage ; car, par exemple, si je pouvais oublier que cette madame Roland vous a nécessairement fait beaucoup de mal, je m'amuserais fort de cette invention de *maturité réelle* opposée à la folle jeunesse de ces étourneaux de quarante ans, qui, selon cette femme, semblent à peine *sortir de page*, comme auraient dit nos grands-parents.

— Du moins mon père est, je crois, heureux des illusions dont, à cette heure, ma belle-mère l'entoure.

— Et sans doute, dès à présent, punie de sa fausseté, elle subit les conséquences de son semblant d'amour passionné ; monsieur votre père l'a prise au mot, il l'entoure de solitude et d'amour... Or, permettez-moi de vous le dire, la vie de votre belle-mère doit être aussi insupportable que celle de son mari doit être heureuse ; figurez-vous l'orgueilleuse joie d'un homme de soixante ans, habitué aux succès, qui se croit encore assez passionnément aimé d'une jeune femme pour lui inspirer le désir de s'enfermer avec lui dans un complet isolement.

—Aussi, monseigneur, puisque mon père se trouve heureux, je n'aurais peut-être pas à me plaindre de madame Roland; mais son odieuse conduite envers ma mère... mais la part malheureusement trop active qu'elle a prise... à mon mariage, causent mon aversion pour elle.—dit madame d'Harville après un moment d'hésitation.

Rodolphe la regarda avec surprise.

—M. d'Harville est votre ami, monseigneur—reprit Clémence d'une voix ferme.—Je sais la gravité des paroles que je viens de prononcer... Tout à l'heure vous me direz si elles sont justes. Mais je reviens à madame Roland, établie auprès de moi comme institutrice, malgré son incapacité reconnue. Ma mère eut, à ce sujet, une explication pénible avec mon père, et lui signifia que, voulant au moins protester contre l'intolérable position de cette femme, elle ne paraîtrait plus désormais à table si madame Roland ne quittait pas à l'instant la maison. Ma mère était la douceur, la bonté mêmes ; mais elle devenait d'une indomptable fermeté lorsqu'il s'agissait de sa dignité personnelle. Mon père fut inflexible. Elle tint sa promesse, de ce moment nous vécûmes complétement retirées dans son appartement. Mon père me témoigna dès lors autant de froideur qu'à ma mère, pendant que madame Roland faisait presque publiquement les honneurs de notre maison, toujours en qualité de mon institutrice.

— A quelles extrémités une folle passion ne porte-t-elle pas les esprits les plus éminents! Et puis on nous enorgueillit bien plus en nous louant des qualités ou des avantages que nous ne possédons pas ou que nous ne possédons plus, qu'en nous louant de ceux que nous avons. Prouvez à un homme de soixante ans qu'il n'en a que trente, c'est l'*a b c* de la flatterie...; et plus une flatterie est grossière, plus elle a de succès... Hélas! nous autres princes, nous savons cela.

— On fait à ce sujet tant d'expériences sur vous, monseigneur...

—Sous ce rapport, monsieur votre père a été traité en roi... Mais votre mère devait horriblement souffrir.

—Plus encore pour moi que pour elle, monseigneur, car elle songeait à l'avenir... Sa santé, déjà très-délicate, s'affaiblit encore; elle tomba gravement malade; la fatalité voulut que le médecin de la maison, M. Sorbier, mourût; ma mère avait toute confiance en lui, elle le regretta vivement. Madame Roland avait pour médecin et pour ami un docteur italien d'un grand mérite, disait-elle; mon père circonvenu le consulta quelquefois, s'en trouva bien, et le proposa à ma mère, qui le prit, hélas! et ce fut lui qui la soigna pendant sa dernière maladie... — A ces mots, les yeux de madame d'Harville se remplirent de larmes. — J'ai honte de vous avouer cette faiblesse, monseigneur — ajouta-t-elle — mais, par cela seulement que ce médecin avait été donné à mon père par madame Roland, il m'inspirait (alors sans aucune raison) un éloignement involontaire; je vis avec une sorte de crainte ma mère lui accorder sa confiance;

pourtant, sous le rapport de la science, le docteur Polidori...

— Que dites-vous, madame? — s'écria Rodolphe.

— Qu'avez-vous, monseigneur? — dit Clémence stupéfaite de l'expression des traits de Rodolphe.

— Mais, non — se dit le prince en se parlant à lui-même — je me trompe sans doute... il y a cinq ou six ans de cela, tandis que l'on m'a dit que Polidori n'était à Paris que depuis deux ans environ, caché sous un faux nom... c'est bien lui que j'ai vu hier... ce charlatan Bradamanti... Pourtant... deux médecins de ce nom... (1) quelle singulière rencontre!... Madame, quelques mots sur ce docteur Polidori — dit Rodolphe à madame d'Harville, qui le regardait avec une surprise croissante — quel âge avait cet Italien?

— Mais cinquante ans environ.

— Et sa figure... sa physionomie?

— Sinistre... je n'oublierai jamais ses yeux

---

(1) Nous rappellerons au lecteur que Polidori était médecin distingué lorsqu'il se chargea de l'éducation de Rodolphe.

d'un vert clair... son nez recourbé comme le bec d'un aigle...

— C'est lui !... c'est bien lui !... — s'écria Rodolphe.

— Et croyez-vous, madame, que le docteur Polidori habite encore Paris ? — demanda Rodolphe à madame d'Harville.

— Je ne sais, monseigneur. Environ un an après le mariage de mon père, il a quitté Paris; une femme de mes amies, dont cet Italien était aussi le médecin à cette époque... madame de Lucenay...

— La duchesse de Lucenay ! — s'écria Rodolphe.

— Oui, monseigneur... Pourquoi cet étonnement ?

— Permettez-moi de vous en taire la cause... Mais à cette époque que vous disait madame de Lucenay sur cet homme ?

— Qu'il lui écrivait souvent, depuis son départ de Paris, des lettres fort spirituelles sur les pays qu'il visitait ; car il voyageait beaucoup... Maintenant... je me rappelle qu'il y a un mois environ, demandant à ma dame de Lucenay si elle recevait toujours des nouvelles de M. Polidori, elle me répondit d'un air embarrassé que depuis long-temps on n'en entendait plus parler, qu'on ignorait ce qu'il était devenu, que quelques personnes même le croyaient mort...

—C'est singulier... — dit Rodolphe, se souvenant de la visite de madame de Lucenay au charlatan Bradamanti.

—Vous connaissez donc cet homme, monseigneur ?

—Oui, malheureusement pour moi... Mais, de grâce, continuez votre récit ; plus tard je vous dirai ce que c'est que ce Polidori...

—Comment ? ce médecin...

—Dites plutôt cet homme souillé des crimes les plus odieux.

—Des crimes !... — s'écria madame d'Harville avec effroi ; — il a commis des crimes, cet homme... l'ami de madame Roland et le médecin de ma mère ! ma mère est morte entre ses mains après quelques jours de maladie !... Ah ! monseigneur, vous m'épouvantez!... vous m'en dites trop... ou pas assez!...

— Sans accuser cet homme d'un crime de plus, sans accuser votre belle-mère d'une effroyable complicité... je dis que vous devez peut-être remercier Dieu de ce que votre père, après son mariage avec madame Roland, n'ait pas eu besoin des soins de Polidori...

— Oh! mon Dieu!—s'écria madame d'Harville avec une expression déchirante—mes pressentiments ne me trompaient donc pas?

— Vos pressentiments?

— Oui... tout à l'heure, je vous parlais de l'éloignement que m'inspirait ce médecin parce qu'il avait été introduit chez nous par madame Roland... je ne vous disais pas tout, monseigneur...

— Comment?

— Je craignais d'accuser un innocent, de trop écouter l'amertume de mes regrets. Mais je vais tout vous dire, monseigneur. La maladie de ma mère durait depuis cinq jours; je l'avais toujours veillée. Un soir j'allai respirer l'air du jardin sur la terrasse de notre maison. Au bout d'un quart d'heure, je rentrai par un long corridor obscur. A la faible clarté d'une lumière qui s'échappait de la porte de l'appartement de madame Roland, je vis sortir M. Polidori. Cette femme l'accompagnait. J'étais dans l'ombre; ils ne m'apercevaient pas. Madame Roland lui dit à voix très-basse quelques paroles que je ne pus entendre. Le médecin répondit d'un ton plus haut ces seuls mots: *Après-demain.* Et comme madame Roland lui parlait encore à voix basse, il reprit avec un accent singulier : —*Après-demain, vous dis-je ; après-demain...*

— Que signifiaient ces paroles ?

— Ce que cela signifiait, monseigneur? Le mercredi soir, M. Polidori disait: *Après-demain...* Le vendredi... ma mère était morte!...

— Oh ! c'est affreux !...

— Lorsque je pus réfléchir et me souvenir, ce mot, *après-demain,* qui semblait avoir prédit l'époque de la mort de ma mère, me revint à la pensée ; je crus que M. Polidori, instruit par la science du peu de temps que ma mère avait encore à vivre, s'était hâté d'en aller instruire madame Roland... madame Roland, qui avait tant de raisons de se réjouir de cette mort... Cela seul m'avait fait prendre cet homme et cette femme en horreur... Mais jamais je n'aurais osé supposer... Oh! non, non, encore à cette heure, je ne puis croire à un pareil crime!

— Polidori est le seul médecin qui ait donné ses soins à votre malheureuse mère?

— La veille du jour où je l'ai perdue, cet homme avait amené en consultation un de ses confrères. Selon ce que m'apprit ensuite mon père, ce médecin avait trouvé ma mère dans un état très-dangereux... Après ce funeste événement, on me conduisit chez une de nos parentes. Elle avait tendrement aimé ma mère. Oubliant la réserve que mon âge lui commandait, cette parente m'apprit sans ménagement combien j'avais de raisons de haïr madame Roland. Elle m'éclaira sur les ambitieuses espérances que cette femme devait dès lors concevoir.

Cette révélation m'accabla ; je compris enfin tout ce que ma mère avait dû souffrir. Lorsque je revis mon père, mon cœur se brisa : il venait me chercher pour m'emmener en Normandie ; nous devions y passer les premiers temps de notre deuil. Pendant la route il pleura beaucoup, et me dit qu'il n'avait que moi pour l'aider à supporter ce coup affreux. Je lui répondis avec expansion qu'il ne me restait non plus que lui depuis la perte de la plus adorée des mères... Après quelques mots sur l'embarras où il se trouverait s'il était forcé de me laisser seule pendant les absences que ses affaires le forçaient de faire de temps à autre, il m'apprit sans transition, et comme la chose la plus naturelle du monde, que, par bonheur pour lui et pour moi, madame Roland consentait à prendre la direction de sa maison et à me servir de guide et d'amie.

L'étonnement, la douleur, l'indignation me rendirent muette ; je pleurai en silence. Mon père me demanda la cause de mes larmes ; je m'écriai, avec trop d'amertume sans doute, que jamais je n'habiterais la même maison que madame Roland ; car je méprisais cette femme autant que je la haïssais à cause des chagrins qu'elle avait causés à ma mère. Il resta calme, combattit ce qu'il appelait mon enfantillage, et me dit froidement que sa résolution était inébranlable, et que je m'y soumettrais.

Je le suppliai de me permettre de me retirer au Sacré-Cœur, où j'avais quelques amies; j'y resterais jusqu'au moment où il jugerait à propos de me marier. Il me fit observer que le temps était passé où l'on se mariait à la grille d'un couvent; que mon empressement à le quitter lui serait très-sensible, s'il ne voyait dans mes paroles une exaltation excusable, mais peu sensée, qui se calmerait nécessairement; puis il m'embrassa au front, en m'appelant mauvaise tête.

Hélas! en effet il fallait me soumettre. Jugez, monseigneur, de ma douleur! vivre de la vie de chaque jour avec une femme à qui je reprochais presque la mort de ma mère... Je prévoyais les scènes les plus cruelles entre mon père et moi, aucune considération ne pouvant m'empêcher de témoigner mon aversion à madame Roland. Il me semblait qu'ainsi je vengerais ma mère... tandis que la moindre parole d'affection dite à cette femme m'eût paru une lâcheté sacrilége.

— Mon Dieu, que cette existence dut vous être pénible... que j'étais loin de penser que vous eussiez déjà tant souffert lorsque j'avais le plaisir de vous voir davantage! Jamais un mot de vous ne m'avait fait soupçonner...

— C'est qu'alors, monseigneur, je n'avais pas à m'excuser à vos yeux d'une faiblesse impardonnable... Si je vous parle si longuement de cette époque de ma vie, c'est pour vous faire comprendre dans quelle position j'étais lorsque je me suis mariée... et pourquoi, malgré un avertissement qui aurait dû m'éclairer, j'ai épousé M. d'Harville.

En arrivant *aux Aubiers* (c'est le nom de la terre de mon père), la première personne qui vint à notre rencontre fut madame Roland. Elle avait été s'établir dans cette terre le jour de la mort de ma mère. Malgré son air humble et doucereux, elle laissait déjà percer une joie triomphante mal dissimulée. Je n'oublierai jamais le regard à la fois ironique et méchant qu'elle me jeta lors de mon arrivée;

elle semblait me dire : — Je suis ici chez moi, c'est vous qui êtes l'étrangère. — Un nouveau chagrin m'était réservé : soit manque de tact impardonnable, soit impudence éhontée, cette femme occupait l'appartement de ma mère. Dans mon indignation, je me plaignis à mon père d'une pareille inconvenance; il me répondit sévèrement que cela devait d'autant moins m'étonner qu'il fallait m'habituer à considérer et à respecter madame Roland comme une seconde mère. Je lui dis que ce serait profaner ce nom sacré, et à son grand courroux je ne manquai aucune occasion de témoigner mon aversion à madame Roland; plusieurs fois il s'emporta et me réprimanda durement devant cette femme. Il me reprochait mon ingratitude, ma froideur envers l'ange de consolation que la Providence *nous* avait envoyé. — Je vous en prie, mon père, parlez pour vous — lui dis-je un jour. Il me traita cruellement. Madame Roland, de sa voix mielleuse, intercéda pour moi avec une profonde hypocrisie. — Soyez indulgent pour Clémence — disait-elle ; — les regrets que lui inspire l'excellente personne que nous pleurons tous sont si naturels, si louables, qu'il faut avoir égard à sa douleur, et la plaindre même dans ses emportements. — Eh bien! — me disait mon père en me montrant madame Roland avec admiration — vous l'entendez! est-elle assez bonne, assez généreuse? C'est en vous jetant dans ses bras que vous devriez lui répondre. — Cela est inutile, mon père; madame me hait... et je la hais. — Ah! Clémence... vous me faites bien du mal... mais je vous pardonne — ajouta madame Roland en levant les yeux au ciel. — Mon amie! ma noble amie! — s'écria mon père d'une voix émue — calmez-vous, je vous en conjure; par égard pour moi, ayez pitié d'une folle assez à plaindre pour vous méconnaître ainsi! — Puis, me lançant des regards irrités : — Tremblez — s'écria-t-il — si vous osez encore outrager l'âme la plus belle qu'il y ait au monde; faites-lui à l'instant vos excuses. — Ma mère me voit et m'entend... elle ne me pardonnerait pas cette lâcheté — dis-je à mon père; et je sortis, le laissant occupé de consoler madame Roland et d'essuyer ses larmes menteuses... Pardon, monseigneur, de m'appesantir sur ces puérilités, mais elles peuvent seules vous donner une idée de la vie que je menais alors.

— Je crois assister à ces scènes intérieures si tristement et si humainement vraies... Dans combien de familles elles ont dû se renouveler, et combien de fois elles se renouvelleront encore!.. Rien de plus vulgaire, et partant rien de plus habile que la conduite de madame Roland; cette simplicité de moyens dans la perfidie la met à la portée de tant d'intelligences médiocres... Et encore ce n'est pas cette femme qui était habile, c'est votre père qui était aveugle; mais en quelle qualité présentait-il madame Roland au voisinage?

— Comme mon institutrice et son amie... et on l'acceptait ainsi.

— Je n'ai pas besoin de vous demander s'il vivait dans le même isolement?

— A l'exception de quelques rares visites, forcées par des relations de voisinage et d'affaires, nous ne voyions personne; mon père, complétement dominé par sa passion et cédant sans doute aux instances de madame Roland, quitta, au bout de trois mois à peine, le deuil de ma mère, sous prétexte que le deuil... se portait dans le cœur... Sa froideur pour moi augmenta de plus en plus, son indifférence allait à ce point qu'il me laissait une liberté incroyable pour une jeune personne de mon âge. Je le voyais à l'heure du déjeuner; il rentrait ensuite chez lui avec madame Roland, qui lui servait de secrétaire pour sa correspondance d'affaires; puis il sortait avec elle en voiture ou à pied, et ne rentrait qu'une heure avant le dîner... Madame Roland faisait une fraîche et charmante toilette; mon père s'habillait avec une recherche étrange à son âge; quelquefois, après dîner, il recevait les gens qu'il ne pouvait s'empêcher de voir; il faisait ensuite, jusqu'à dix heures, une partie de trictrac avec madame Roland, puis il lui offrait le bras pour la conduire à la chambre de ma mère, lui baisait respectueusement la main, et se retirait. Quant à moi, je pouvais disposer de ma journée, monter à cheval suivie d'un domestique, ou faire à ma guise de longues promenades dans les bois qui environnaient le château; quelquefois, accablée de tristesse, je ne parus pas au déjeuner, mon père ne s'en inquiéta même pas...

— Quel singulier oubli !.. quel abandon !..

— Ayant plusieurs fois de suite rencontré un de nos voisins dans les bois où je montais ordinairement à cheval, je renonçai à ces promenades et je ne sortis plus du parc.

— Mais quelle était la conduite de cette femme envers vous lorsque vous étiez seule avec elle?

— Ainsi que moi elle évitait autant que possible ces rencontres. Une seule fois, faisant allusion à quelques paroles dures que je lui avais adressées la veille, elle me dit froidement : — Prenez garde; vous voulez lutter avec moi... vous serez brisée. — Comme ma mère? lui dis-je; il est fâcheux, madame, que M. Polidori ne soit pas là pour vous affirmer que ce sera... *après-demain.* — Ces mots firent sur madame Roland une impression profonde qu'elle surmonta bientôt. Maintenant que je sais, grâce à vous, monseigneur, ce que c'est que le docteur Polidori, et de quoi il est capable, l'espèce d'effroi que témoigna madame

Roland en m'entendant lui rappeler ces mystérieuses paroles confirmerait peut-être d'horribles soupçons... Mais non, non, je ne veux pas croire cela... Je serais trop épouvantée en songeant que mon père est à cette heure presque à la merci de cette femme.

— Et que vous répondit-elle lorsque vous lui avez rappelé ces mots de Polidori?

— Elle rougit d'abord; puis, surmontant son émotion, elle me demanda froidement ce que je voulais dire. — Quand vous serez seule, madame, interrogez-vous à ce sujet, vous vous répondrez. — A peu de temps de là eut lieu une scène qui décida pour ainsi dire de mon sort. Parmi un grand nombre de tableaux de famille ornant un salon où nous nous rassemblions le soir, se trouvait le portrait de ma mère. Un jour je m'aperçus de sa disparition. Deux de nos voisins avaient dîné avec nous : l'un d'eux, M. Dorval, notaire du pays, avait toujours témoigné à ma mère la plus profonde vénération. En arrivant dans le salon : — Où est donc le portrait de ma mère? — dis-je à mon père. — La vue de ce tableau me causait trop de regrets — me répondit mon père d'un air embarrassé, en me montrant d'un coup d'œil les étrangers témoins de cet entretien. — Et où est ce portrait maintenant, mon père? — Se tournant vers madame Roland et l'interrogeant du regard avec un mouvement d'impatience : — Où a-t-on mis le portrait? — lui demanda-t-il. — Au garde-meuble — répondit-elle en me jetant cette fois un coup d'œil de défi, croyant que la présence de nos voisins m'empêcherait de lui répondre. — Je conçois, madame — lui dis-je froidement — que le regard de ma mère devait vous peser beaucoup; mais ce n'était pas une raison pour reléguer au grenier le portrait d'une femme qui, lorsque vous étiez misérable, vous a charitablement permis de vivre dans sa maison.

— Très-bien!.. — s'écria Rodolphe. — Ce dédain glacial était écrasant.

— Mademoiselle! — s'écria mon père. — Vous avouerez pourtant — lui dis-je en l'interrompant — qu'une personne qui insulte lâchement à la mémoire d'une femme qui lui a fait l'aumône, ne mérite que dédain et aversion.

Mon père resta un moment stupéfait ; madame Roland devint pourpre de honte et de colère ; les voisins, très-embarrassés, baissèrent les yeux et gardèrent le silence. — Mademoiselle ! — reprit mon père — vous oubliez que madame était l'amie de votre mère ; vous oubliez que madame a veillé et veille encore sur votre éducation avec une sollicitude maternelle... vous oubliez enfin que je professe pour elle la plus respectueuse estime... Et puisque vous vous permettez une si inconvenante sortie devant ces messieurs, je vous dirai, moi, que les ingrats et les lâches sont ceux qui, oubliant les soins les plus tendres, osent reprocher une noble infortune à une personne qui mérite l'intérêt et le respect... — Je ne me permettrai pas de discuter cette question avec vous, mon père — dis-je d'une voix soumise. — Peut-être, mademoiselle, serai-je plus heureuse, moi ! — s'écria madame Roland, emportée cette fois par la colère au delà des bornes de sa prudence habituelle. — Peut-être me ferez-vous la grâce, non de discuter — reprit-elle — mais d'avouer que, loin de devoir la moindre reconnaissance à votre mère, je n'ai à me souvenir que de l'éloignement qu'elle m'a toujours témoigné ; car c'est bien contre sa volonté que j'ai... — Ah ! madame — lui dis-je en l'interrompant — par respect pour mon père, par pudeur pour vous-même... dispensez-nous de ces honteuses révélations... vous me feriez regretter de vous avoir exposée à de si humiliants aveux... — Comment ! mademoiselle !... — s'écria-t-elle presque insensée de colère — vous osez dire... — Je dis, madame — repris-je en l'interrompant encore — je dis que ma mère, en daignant vous permettre de vivre chez elle au lieu de vous en faire chasser, selon son droit, a dû vous prouver par son mépris que sa tolérance à votre égard lui était imposée...

— De mieux en mieux ! — s'écria Rodolphe ; — c'était une exécution complète. Et cette femme ?...

— Madame Roland, par un moyen fort vulgaire, mais fort commode, termina cet entretien ; elle s'écria : — Mon Dieu ! mon Dieu ! et se trouva mal... Grâce à cet incident, les deux témoins de cette scène sortirent sous le prétexte d'aller chercher des secours ; je les imitai, pendant que mon père prodiguait à madame Roland les soins les plus empressés.

— Quel dut être le courroux de votre père lorsque ensuite vous l'avez revu !

— Il vint chez moi le lendemain matin, et me dit : — Afin qu'à l'avenir des scènes pareilles à celle d'hier ne se renouvellent plus, je vous déclare que, dès que le temps rigoureux de mon deuil et du vôtre sera expiré, j'épouserai madame Roland. Vous aurez donc désormais à la traiter avec le respect et les égards que mérite... ma *femme*... Pour des raisons particulières, il est nécessaire que vous vous mariiez avant moi ; la fortune de votre mère s'élève à plus d'un million, c'est votre dot. Dès ce jour je m'occuperai activement de vous assurer une union convenable en donnant suite à quelques propositions qui m'ont été faites à votre sujet. La persistance avec laquelle vous attaquez, malgré mes prières, une personne qui m'est si chère, me donne la mesure de votre attachement pour moi. Madame Roland dédaigne ces attaques ;

mais je ne souffrirai pas que de telles inconvenances se renouvellent devant des étrangers dans ma propre maison. Désormais vous n'entrerez ou ne resterez dans le salon que lorsque madame Roland ou moi nous y serons seuls.

—Après ce dernier entretien, je vécus encore plus isolée. Je ne voyais mon père qu'aux heures des repas, qui se passaient dans un morne silence. Ma vie était si triste, que j'attendais avec impatience le moment où mon père me proposerait un mariage quelconque, pour accepter... Madame Roland, ayant renoncé à mal parler de ma mère, se vengeait en me faisant souffrir un supplice de tous les instants; elle affectait, pour m'exaspérer, de se servir de mille choses qui avaient appartenu à ma mère : son fauteuil, son métier à tapisserie, les livres de sa bibliothèque particulière, jusqu'à un écran à tablette que j'avais brodé pour elle, et au milieu duquel se voyait son chiffre. Cette femme profanait tout...

—Oh! je conçois l'horreur que ces profanations devaient vous causer.

— Et puis l'isolement rend les chagrins plus douloureux encore...

— Et vous n'aviez personne... personne à qui vous confier?

— Personne... Pourtant je reçus une preuve d'intérêt qui me toucha, et qui aurait dû m'éclairer sur l'avenir : un des deux témoins de cette scène où j'avais si durement traité madame Roland était M. Dorval, vieux et honnête notaire, à qui ma mère avait rendu quelques services en s'intéressant à une de ses nièces. D'après la défense de mon père, je ne descendais jamais au salon lorsque des étrangers s'y trouvaient... je n'avais donc pas revu M. Dorval, lorsque, à ma grande surprise, il vint un jour, d'un air mystérieux, me trouver dans une allée du parc, lieu habituel de ma promenade. — Mademoiselle — me dit-il — je crains d'être surpris par M. le comte; lisez cette lettre, brûlez-la ensuite, il s'agit d'une chose très-importante pour vous... — Et il disparut.

Dans cette lettre, il me disait qu'il s'agissait de me marier à M. le marquis d'Harville; ce parti semblait convenable de tous points; on me répondait des bonnes qualités de M. d'Harville; il était jeune, fort riche, d'un esprit distingué, d'une figure agréable; et pourtant les familles de deux jeunes personnes que M. d'Harville avait dû épouser successivement avaient brusquement rompu le mariage projeté... Le notaire ne pouvait me dire la raison de cette rupture, mais il croyait de son devoir de m'en prévenir, sans toutefois prétendre que la cause de ces ruptures fût préjudiciable à M. d'Harville. Les deux jeunes personnes dont il s'agissait étaient filles, l'une de M. de Beauregard, pair de France; l'autre, de lord Boltrop. M. Dorval me faisait cette confidence, parce que mon père, très-impatient de conclure mon mariage, ne paraissait pas attacher assez d'importance aux circonstances qu'on me signalait.

— En effet — dit Rodolphe après quelques moments de réflexion — je me souviens maintenant que votre mari, à une année d'intervalle, me fit successivement part de deux mariages projetés qui, près de se conclure, avaient été brusquement rompus, m'écrivait-il, pour quelques discussions d'intérêt...

Madame d'Harville sourit avec amertume, et répondit :

— Vous saurez la vérité tout à l'heure, monseigneur... Après avoir lu la lettre du vieux notaire, je ressentis autant de curiosité que d'inquiétude. Qui était M. d'Harville? Mon père ne m'en avait jamais parlé. J'interrogeais en vain mes souvenirs ; je ne me rappelais pas ce nom. Bientôt madame Roland, à mon grand étonnement, partit pour Paris. Son voyage devait durer huit jours au plus ; pourtant mon père ressentit un profond chagrin de cette séparation passagère ; son caractère s'aigrit ; il redoubla de froideur envers moi. Il lui échappa même de me répondre, un jour que je lui demandais comment il se portait : — Je suis souffrant, et c'est de votre faute. — De ma faute, mon père? — Certes. Vous savez combien je suis habitué à la société de madame Roland, et cette admirable femme que vous avez outragée fait dans votre seul intérêt ce voyage qui la retient loin de moi.

Cette marque d'*intérêt* de madame Roland m'effraya ; j'eus vaguement l'instinct qu'il s'agissait de mon mariage. Je vous laisse à penser, monseigneur, la joie de mon père au retour de ma future belle-mère. Le lendemain il me fit prier de passer chez lui ; il était seul avec elle. — J'ai, me dit-il, depuis long-temps songé à votre établissement. Votre deuil finit dans un mois. Demain arrivera ici M. le marquis d'Harville, jeune homme extrêmement distingué, fort riche, et en tout capable d'assurer votre bonheur. Il vous a vue dans le monde ; il désire vivement cette union ; toutes les affaires d'intérêt sont réglées. Il dépendra donc absolument de vous d'être mariée avant six semaines. Si, au contraire, par un caprice que je ne veux pas prévoir, vous refusiez ce parti presque inespéré, je me marierais toujours, selon mon intention, dès que le temps de mon deuil serait expiré. Dans ce dernier cas, je dois vous le déclarer... votre présence chez moi ne me serait agréable que si vous me promettiez de témoigner à *ma femme* la tendresse et le respect qu'elle mérite. — Je vous comprends, mon père. Si je n'épouse pas M. d'Harville, vous vous mariez ; et alors, pour vous et pour... madame, il n'y a plus aucun inconvénient à ce que je me retire au Sacré-Cœur. — Aucun — me répondit-il froidement.

— Ah ! ce n'est plus de la faiblesse, c'est de la cruauté !... — s'écria Rodolphe.

— Savez-vous, monseigneur, ce qui m'a toujours empêchée de garder contre mon père le moindre ressentiment? C'est qu'une sorte de prévision m'avertissait qu'un jour il payerait, hélas! bien cher son aveugle passion pour madame Roland... Et, Dieu merci, ce jour est encore à venir...

— Et ne lui dîtes-vous rien de ce que vous avait appris le vieux notaire sur les deux mariages si brusquement rompus par les familles auxquelles M. d'Harville devait s'allier?

— Si, monseigneur... Ce jour-là même je priai mon père de m'accorder un moment d'entretien particulier. — Je n'ai pas de secret pour madame Roland, vous pouvez parler devant elle — me répondit-il. — Je gardai le silence. Il reprit sévèrement : — Encore une fois, je n'ai pas de secrets pour madame Roland... Expliquez-vous donc clairement. —

Si vous le permettez, mon père, j'attendrai que vous soyez seul. — Madame Roland se leva brusquement et sortit. — Vous voilà satisfaite... — me dit-il. — Eh bien ! parlez. — — Je n'éprouve aucun éloignement pour l'union que vous me proposez, mon père; seulement j'ai appris que M. d'Harville ayant été deux fois sur le point d'épouser... — Bien, bien — reprit-il en m'interrompant; — je sais ce que c'est. Ces ruptures ont eu lieu en suite de discussions d'intérêt dans lesquelles d'ailleurs la délicatesse de M. d'Harville a été complétement à couvert. Si vous n'avez pas d'autre objection que celle-là, vous pouvez vous regarder comme mariée... et heureusement mariée, car je ne veux que votre bonheur.

— Sans doute madame Roland fut ravie de cette union ?

— Ravie? Oui, monseigneur — dit amèrement Clémence — oh ! bien ravie!.. car cette union était son œuvre. Elle en avait donné la première idée à mon père... Elle savait la véritable cause de la rupture des deux premiers mariages de M. d'Harville... voilà pourquoi elle tenait tant à me le faire épouser.

— Mais dans quel but?

— Elle voulait se venger de moi en me vouant ainsi à un sort affreux...

— Mais, votre père...

— Trompé par madame Roland, il crut qu'en effet des discussions d'intérêt avaient seules fait manquer les projets de M. d'Harville.

— Quelle horrible trame!.. Mais cette raison mystérieuse?

— Tout à l'heure je vous la dirai, monseigneur. M. d'Harville arriva *aux Aubiers;* ses manières, son esprit, sa figure me plurent : il avait l'air bon; son caractère était doux, un peu triste. Je remarquai en lui un contraste qui m'étonnait et m'agréait à la fois : son esprit était cultivé, sa fortune très-enviable, sa naissance illustre ; et pourtant quelquefois sa physionomie, ordinairement énergique et résolue, exprimait une sorte de timidité presque craintive, d'abattement et de défiance de soi, qui me touchait beaucoup. J'aimais aussi à le voir témoigner une bonté charmante à un vieux valet de chambre qui l'avait élevé, et duquel seul il voulait recevoir des soins. Quelque temps après son arrivée, M. d'Harville resta deux jours renfermé chez lui; mon père désira le voir... Le vieux domestique s'y opposa, prétextant que son maître avait une migraine si violente, qu'il ne pouvait recevoir absolument personne. Lorsque M. d'Harville reparut, je le trouvai très-pâle, très-changé... Plus tard il éprouvait toujours une sorte d'impatience presque chagrine lorsqu'on lui parlait de cette indisposition passagère... A mesure que je connaissais M. d'Harville, je découvrais en lui des qualités qui m'étaient sympathiques... Il avait tant de raisons d'être heureux, que je lui savais gré de sa modestie dans le bonheur... L'époque de notre mariage convenue, il alla toujours au-devant de mes moindres volontés dans nos projets d'avenir. Si quelquefois je lui demandais la cause de sa mélancolie, il me parlait de sa mère, de son père, qui eussent été fiers et ravis de le voir marié selon son cœur et son goût. J'aurais eu mauvaise grâce à ne pas admettre des raisons si flatteuses pour moi... M. d'Harville devina les rapports dans lesquels j'avais d'abord vécu avec madame Roland et avec mon père, quoique celui-ci, heureux de mon mariage, qui hâtait le sien, fût redevenu pour moi d'une grande tendresse. Dans plusieurs entretiens, M. d'Harville me fit sentir avec beaucoup de tact et de réserve qu'il m'aimait peut-être encore davantage en raison de mes chagrins passés... Je crus devoir, à ce sujet, le prévenir que mon père songeait à se remarier; et comme je lui parlais du changement que cette union apporterait dans ma fortune, il ne me laissa pas achever, et fit preuve du plus noble désintéressement; les familles auxquelles il avait été sur le point de s'allier devaient être bien sordides, pensai-je alors, pour avoir eu de graves difficultés d'intérêt avec lui.

— Le voilà bien tel que je l'ai toujours connu — dit Rodolphe — rempli de cœur, de dévouement, de délicatesse... Mais ne lui avez-vous jamais parlé de ces deux mariages rompus?

— Je vous l'avoue, monseigneur, le voyant si loyal, si bon, plusieurs fois cette question me vint aux lèvres... mais bientôt, de crainte même de blesser cette loyauté, cette bonté, je n'osai aborder un tel sujet... Plus le jour fixé pour notre mariage approchait, plus M. d'Harville se disait heureux... Cependant deux ou trois fois je le vis accablé d'une morne tristesse... un jour, entre autres, il attacha sur moi ses yeux, où roulait une larme : il semblait oppressé, on eût dit qu'il voulait et qu'il n'osait me confier un secret important... Le souvenir de la rupture de ces deux mariages me revint à la pensée... Je l'avoue, j'eus peur... Un secret pressentiment m'avertit qu'il s'agissait peut-être du malheur de ma vie entière... mais j'étais si torturée chez mon père que je surmontai mes craintes...

— Et M. d'Harville ne vous confia rien?

— Rien... Quand je lui demandais la cause de sa mélancolie, il me répondait : — Pardonnez-moi, mais j'ai le bonheur triste... — Ces mots, prononcés d'une voix touchante, me rassurèrent un peu... Et puis, comment oser... à ce moment même, où ses yeux étaient baignés de larmes, lui témoigner une défiance outrageante à propos du passé?

Les témoins de M. d'Harville, M. de Lucenay et M. de Saint-Remy, arrivèrent aux Aubiers quelques jours avant mon mariage; mes plus proches parents y furent seuls invités. Nous devions, aussitôt après la messe, partir pour Paris... Je n'éprouvais pas d'amour pour M. d'Harville; mais je ressentais pour lui de l'intérêt : son caractère m'inspirait de l'estime... Sans les événements qui suivirent cette fatale union, un sentiment plus tendre m'aurait sans doute attachée à lui... Nous fûmes mariés...

A ces mots, madame d'Harville pâlit légèrement, sa résolution parut l'abandonner. Puis elle reprit :

— Aussitôt après mon mariage, mon père me serra tendrement dans ses bras. Madame Roland aussi m'embrassa, je ne pouvais devant tant de monde me dérober à cette nouvelle hypocrisie; de sa main sèche et blanche elle me serra la main à me faire mal, et me dit à l'oreille d'une voix doucereusement perfide ces paroles que je n'oublierai jamais : — Songez quelquefois à moi au milieu de votre

bonheur, *car c'est moi qui fais votre mariage...*
— Hélas! j'étais loin de comprendre alors le véritable sens de ses paroles. Notre mariage avait eu lieu à onze heures; aussitôt après nous montâmes en voiture... suivis d'une femme à moi et du vieux valet de chambre de M. d'Harville; nous voyagions si rapidement que nous devions être à Paris avant dix heures du soir.

J'aurais été étonnée du silence et de la mélancolie de M. d'Harville, si je n'avais su qu'il avait, comme il disait, le *bonheur triste*. J'étais moi-même péniblement émue, je revenais à Paris pour la première fois depuis la mort de ma mère; et puis, quoique je n'eusse guère de raison de regretter la maison paternelle, j'y étais chez moi... et je la quittai pour une maison où tout me serait nouveau, inconnu; où j'allais arriver seule avec mon mari, que je connaissais à peine depuis six semaines, et qui la veille encore ne m'eût pas dit un mot qui ne fût empreint d'une formalité respectueuse. Peut-être ne tient-on pas assez compte de la crainte que nous cause ce brusque changement de ton et de manières auquel les hommes bien élevés sont même sujets dès que nous leur appartenons... On ne songe pas que la jeune femme ne peut en quelques heures oublier sa timidité, ses scrupules de jeune fille.

— Rien ne m'a toujours paru plus barbare et plus sauvage que cette coutume d'emporter brutalement une jeune femme comme une proie, tandis que le mariage ne devrait être que la consécration du droit d'employer toutes les ressources de l'amour, toutes les séductions de la tendresse passionnée pour se faire aimer.

— Vous comprenez alors, monseigneur, le brisement de cœur et la vague frayeur avec lequel je revenais à Paris, dans cette ville où ma mère était morte il y avait un an à peine. Nous arrivons à l'hôtel d'Harville...

L'émotion de la jeune femme redoubla, ses joues se couvrirent d'une rougeur brûlante, et elle ajouta d'une voix déchirante :

— Il faut pourtant que vous sachiez tout... sans cela... je vous paraîtrais trop méprisable... Eh bien !... — reprit-elle avec une résolution désespérée — on me conduisit dans l'appartement qui m'était destiné.... on m'y laissa seule... M. d'Harville vint m'y rejoindre... Malgré ses protestations de tendresse, je me mourais d'effroi... les sanglots me suffoquaient... j'étais à lui... il fallut me résigner... Mais bientôt mon mari, poussant un cri terrible, me saisit le bras à me le briser... je veux en vain me délivrer de cette étreinte de fer... implorer sa pitié... il ne m'entend plus... son visage est contracté par d'effrayantes convulsions... ses yeux roulent dans leurs orbites avec une rapidité qui me fascine... sa bouche contournée est remplie d'une écume sanglante... sa main m'étreint toujours... Je fais un effort désespéré... ses doigts roidis abandonnent enfin mon bras... et je m'évanouis au moment où M. d'Harville se débat dans le paroxysme de cette horrible attaque... Voilà ma nuit de noces, monseigneur... Voilà la vengeance de madame Roland!..

— Malheureuse femme! — dit Rodolphe avec accablement — je comprends... épileptique!.. Ah! c'est affreux!..

— Et ce n'est pas tout... — ajouta Clémence d'une voix déchirante. — Oh! que cette nuit fatale... soit à jamais maudite!... Ma fille... ce pauvre petit ange a hérité de cette épouvantable maladie!..

— Votre fille... aussi? Comment! sa pâleur... sa faiblesse?

— C'est cela... mon Dieu!... c'est cela; et les médecins pensent que le mal est incurable!... parce qu'il est héréditaire...

Madame d'Harville cacha sa tête dans ses mains; accablée par cette douloureuse révélation, elle n'avait plus le courage de dire une parole.

Rodolphe aussi resta muet.

Sa pensée reculait effrayée devant les terribles mystères de cette première nuit de noces... Il se figurait cette jeune fille, déjà si attristée par son retour dans la ville où sa mère était morte, arrivant dans cette maison inconnue, seule avec un homme pour qui elle ressentait de l'intérêt, de l'estime, mais pas d'amour, mais rien de ce qui trouble délicieusement, rien de ce qui enivre, rien de ce qui fait qu'une femme oublie son chaste effroi dans le ravissement d'une passion légitime et partagée.

Non, non; tremblante d'une crainte pudique, Clémence arrivait là... triste, froide, le cœur brisé, le front pourpre de honte, les yeux remplis de larmes... Elle se résigne... et puis, au lieu d'entendre des paroles remplies de reconnaissance, d'amour et de tendresse qui la consolent du bonheur qu'elle a donné... elle voit rouler à ses pieds un homme égaré, qui se tord, écume, rugit, dans les affreuses convulsions d'une des plus effrayantes infirmités dont l'homme soit incurablement frappé!

Et ce n'est pas tout... Sa fille... pauvre petit ange innocent, est aussi flétrie en naissant...

Ces douloureux et tristes aveux faisaient naître chez Rodolphe des réflexions amères.

—Telle est la loi de ce pays—se disait-il:—une jeune fille belle et pure, loyale et confiante victime d'une funeste dissimulation, unit sa destinée à celle d'un homme atteint d'une épouvantable maladie, héritage fatal qu'il doit transmettre à ses enfants; la malheureuse femme découvre cet horrible mystère : que peut-elle ? Rien...

Rien que souffrir et pleurer, rien que tâcher de surmonter son dégoût et son effroi... rien que passer ses jours dans des angoisses, dans des terreurs infinies... rien que chercher peut-être des consolations coupables en dehors de l'existence désolée qu'on lui a faite.

Encore une fois — disait Rodolphe — ces lois étranges forcent quelquefois à des rapprochements honteux, écrasants pour l'humanité...

Dans ces lois, les animaux semblent toujours supérieurs à l'homme par les soins qu'on leur donne, par les améliorations dont on les poursuit, par la protection dont on les entoure, par les garanties dont on les couvre...

Ainsi achetez un animal quelconque; qu'une infirmité prévue par la loi se déclare chez lui après l'emplette... la vente est nulle... C'est qu'aussi, voyez donc, quelle indignité, quel crime de lèse-société ! condamner un homme à conserver un animal qui parfois tousse, corne ou boite ! Mais c'est un scandale, mais c'est un crime, mais c'est une monstruosité sans pareille! Jugez donc, être forcé de garder, mais de garder toujours, toute leur vie durant, un mulet qui tousse, un cheval qui corne, un âne qui boite! Quelles effroyables conséquences cela ne peut-il pas entraîner pour le salut de l'humanité tout entière!... Aussi il n'y a pas là de marché qui tienne, de parole qui fasse, de contrat qui engage... La loi toute-puissante vient délier tout ce qui était lié.

Mais qu'il s'agisse d'une créature faite à l'image de Dieu, mais qu'il s'agisse d'une jeune fille qui, dans son innocente foi à la loyauté d'un homme, s'est unie à lui, et qui se réveille la compagne d'un épileptique, d'un malheureux que frappe une maladie terrible, dont les conséquences morales et physiques sont effroyables; une maladie qui peut jeter le désordre et l'aversion dans la famille, perpétuer un mal horrible, vicier des générations....

Oh! cette loi si inexorable à l'endroit des animaux boitants, cornants ou toussants; cette loi, si admirablement prévoyante, qui ne veut pas qu'un cheval taré soit apte à la reproduction... cette loi se gardera bien de délier la victime d'une pareille union...

Ces liens sont sacrés... indissolubles; c'est offenser les hommes et Dieu que de les briser.

En vérité — disait Rodolphe — l'homme est quelquefois d'une humilité bien honteuse et d'un égoïsme d'orgueil bien exécrable... Il se ravale au-dessous de la bête en la couvrant de garanties qu'il se refuse; et il impose, consacre, perpétue ses plus redoutables infirmités en les mettant sous la sauvegarde de l'immutabilité des lois divines et humaines.

CHAPITRE III.

LA CHARITÉ.

Rodolphe blâmait beaucoup M. d'Harville, mais il se promit de l'excuser aux yeux de Clémence, quoique bien convaincu, d'après les tristes révélations de celle-ci, que le marquis s'était à jamais aliéné son cœur.

De pensées en pensées, Rodolphe se dit :

Par devoir, je me suis éloigné d'une femme que j'aimais... et qui déjà peut-être ressentait pour moi un secret penchant. Soit désœuvrement de cœur, soit commisération, elle a failli perdre l'honneur, la vie, pour un sot qu'elle croyait malheureux. Si, au lieu de m'éloigner d'elle, je l'avais entourée de soins, d'amour et de respects, ma réserve eût été telle que sa réputation n'aurait pas reçu la plus légère atteinte, les soupçons de son mari n'eussent jamais été éveillés; tandis qu'à cette heure elle est presque à la merci de la fatuité de M. Charles Robert, et il sera, je le crains, d'autant plus indiscret qu'il a moins de raisons de l'être.

Et puis encore, qui sait maintenant si, malgré les périls qu'elle a courus, le cœur de madame d'Harville restera toujours inoccupé? Tout retour vers son mari est désormais impossible... Jeune, belle, entourée, d'un caractère sympathique à tout ce qui souffre... pour elle, que de dangers! que d'écueils! Pour M. d'Harville, que d'angoisses, que de chagrins! A la fois jaloux et amoureux de sa femme, qui ne peut vaincre l'éloignement, la frayeur qu'il lui inspire depuis la première et funeste nuit de son mariage... quel sort est le sien!

Clémence, le front appuyé sur sa main, les yeux humides, la joue brûlante de confusion, évitait le regard de Rodolphe, tant cette révélation lui avait coûté.

— Ah! maintenant — reprit Rodolphe

après un long silence—je comprends la cause de la tristesse de M. d'Harville, tristesse que je ne pouvais pénétrer... Je comprends ses regrets...

—Ses regrets ! — s'écria Clémence — dites donc ses remords, monseigneur... s'il en éprouve... car jamais crime pareil n'a été plus froidement médité...

—Un crime !... madame.

—Et qu'est-ce donc, monseigneur, que d'enchaîner à soi, par des liens indissolubles, une jeune fille qui se fie à votre honneur, lorsqu'on se sait fatalement frappé d'une maladie qui inspire l'épouvante et l'horreur ? Qu'est-ce donc que de vouer sûrement un malheureux enfant aux mêmes misères ?... Qui forçait M. d'Harville à faire deux victimes ? Une passion aveugle, insensée ?... Non, il trouvait à son gré ma naissance, ma fortune et ma personne... il a voulu faire un *mariage convenable*, parce que la vie de garçon l'ennuyait sans doute...

—Madame... de la pitié au moins...

—De la pitié !... Savez-vous qui la mérite,

ma pitié?... c'est ma fille... Pauvre victime de cette odieuse union, que de nuits, que de jours j'ai passés près d'elle! que de larmes amères m'ont arrachées ses douleurs!...

— Mais son père... souffrait des mêmes douleurs imméritées!

— Mais c'est son père qui l'a condamnée à une enfance maladive, à une jeunesse flétrie, et, si elle vit, à une vie d'isolement et de chagrins; car elle ne se mariera pas. Oh! non, je l'aime trop pour l'exposer un jour à pleurer sur son enfant fatalement frappé, comme je pleure sur elle... J'ai trop souffert de cette trahison pour me rendre coupable ou complice d'une trahison pareille!

— Oh! vous aviez raison... la vengeance de votre belle-mère est horrible... Patience... Peut-être, à votre tour, serez-vous vengée... — dit Rodolphe après un moment de réflexion.

— Que voulez-vous dire, monseigneur? — lui demanda Clémence étonnée de l'inflexion de sa voix.

— J'ai presque toujours eu... le bonheur

de voir punir, oh! cruellement punir les méchants que je connaissais — ajouta-t-il avec un accent qui fit tressaillir Clémence. — Mais, le lendemain de cette malheureuse nuit, que vous dit votre mari?

— Il m'avoua, avec une étrange naïveté, que les familles auxquelles il devait s'allier avaient découvert le secret de sa maladie et rompu les unions projetées..... Ainsi, après avoir été repoussé deux fois... il a encore... oh! cela est infâme!.. Et voilà pourtant ce qu'on appelle dans le monde un gentilhomme de cœur et d'honneur!

— Vous, toujours si bonne, vous êtes cruelle!...

— Je suis cruelle, parce que j'ai été indignement trompée... M. d'Harville me savait bonne; que ne s'adressait-il loyalement à ma bonté, en me disant toute la vérité!

— Vous l'eussiez refusé...

— Ce mot le condamne, monseigneur; sa conduite était une trahison indigne s'il avait cette crainte.

— Mais il vous aimait!..

— S'il m'aimait, devait-il me sacrifier à son égoïsme?.. Mon Dieu! j'étais si tourmentée, j'avais tant de hâte de quitter la maison de mon père, que, s'il eût été franc, peut-être m'aurait-il touchée, émue par le tableau de l'espèce de réprobation dont il était frappé, de l'isolement auquel le vouait un sort affreux et fatal... Oui, le voyant à la fois si loyal, si malheureux, peut-être n'aurais-je pas eu le courage de le refuser; et, si j'avais pris ainsi l'engagement sacré de subir les conséquences de mon dévouement, j'aurais vaillamment tenu ma promesse. Mais vouloir forcer mon intérêt et ma pitié en me mettant d'abord dans sa dépendance, mais exiger cet intérêt, cette pitié au nom de mes devoirs de femme, lui qui a trahi ses devoirs d'honnête homme, c'est à la fois une folie et une lâcheté!.. Maintenant, monseigneur, jugez de ma vie! jugez de mes cruelles déceptions! J'avais foi dans la loyauté de M. d'Harville, et il m'a indignement trompée... Sa mélancolie douce et timide m'avait intéressée; et cette mélancolie, qu'il disait causée par de pieux souvenirs, n'était que la conscience de son incurable infirmité...

— Mais enfin, vous fût-il étranger, ennemi, la vue de ses souffrances doit vous apitoyer : votre cœur est noble et généreux !

— Mais puis-je les calmer, ces souffrances? Si encore ma voix était entendue, si un regard reconnaissant répondait à mon regard attendri!.. Mais non... Oh! vous ne savez pas, monseigneur, ce qu'il y a d'affreux dans ces crises où l'homme se débat dans une furie sauvage, ne voit rien, n'entend rien, ne sent rien, et ne sort de cette frénésie que pour tomber dans une sorte d'accablement farouche. Quand ma fille succombe à une de ces attaques, je ne puis que me désoler ; mon cœur se déchire, je baise en pleurant ses pauvres petits bras roidis par les convulsions qui la tuent... Mais c'est ma fille... c'est ma fille!.. et quand je la vois souffrir ainsi, je maudis mille fois plus encore son père. Si les douleurs de mon enfant se calment, mon irritation contre mon mari se calme aussi ;.. alors... oui... alors, je le plains, parce que je suis bonne, à mon aversion succède un sentiment de pitié douloureuse... Mais enfin, me suis-je mariée à dix-sept ans pour n'éprouver jamais que ces alternatives de haine et de commisération pénible, pour pleurer sur un malheureux enfant que je ne conserverai peut-être pas? Et à propos de ma fille, monseigneur, permettez-moi d'aller au-devant d'un reproche que je mérite sans doute, et que peut-être vous n'osez pas me faire. Elle est si intéressante qu'elle aurait dû suffire à occuper mon cœur, car je l'aime passionnément; mais cette affection navrante est mêlée de tant d'amertumes présentes, de tant de craintes pour l'avenir, que ma tendresse pour ma fille se résout toujours par des larmes. Auprès d'elle mon cœur est continuellement brisé, torturé, désespéré; car je suis impuissante à conjurer ses maux, que l'on dit incurables. Eh bien! pour sortir de cette atmosphère accablante et sinistre... j'avais rêvé un attachement dans la douceur duquel je me serais refugiée, reposée... Hélas! je me suis abusée, indignement abusée, je l'avoue, et je retombe dans l'existence douloureuse que mon mari m'a faite. Dites, monseigneur, était-ce cette vie que j'avais le droit d'attendre? Suis-je donc seule coupable des torts que M. d'Harville voulait ce matin me faire payer de ma vie? Ces torts sont grands... je le sais, d'autant plus grands que j'ai à rougir de mon choix. Heureusement pour moi, monseigneur, ce que vous avez surpris de l'entretien de la comtesse Sarah et de son frère au sujet de M. Charles Robert, m'épargnera la honte de ce nouvel aveu... Mais j'espère au moins que maintenant je vous semble mériter autant de pitié que de blâme, et que vous voudrez bien me conseiller dans la cruelle position où je me trouve...

— Je ne puis vous exprimer, madame, combien votre récit m'a ému; depuis la mort de votre mère jusqu'à la naissance de votre fille, que de chagrins dévorés, que de tristesses cachées!.. Vous si brillante, si admirée, si enviée!..

— Oh! croyez-moi, monseigneur, lorsqu'on souffre de certains malheurs, il est affreux de s'entendre dire : Est-elle heureuse!..

— N'est-ce pas, rien n'est plus pénible? eh bien! vous n'êtes pas seule à souffrir de ce cruel contraste entre ce qui est et ce qui paraît...

— Comment, monseigneur?

—Aux yeux de tous votre mari doit sembler encore plus heureux que vous... puisqu'il vous possède... Et pourtant n'est-il pas aussi bien à plaindre? Est-il au monde une vie plus atroce que la sienne? Ses torts envers vous sont grands... mais il en est affreusement puni! Il vous aime comme vous méritez d'être aimée... et il sait que vous ne pouvez avoir pour lui qu'un insurmontable éloignement... Dans sa fille souffrante, maladive, il voit un reproche incessant... Ce n'est pas tout, la jalousie vient encore le torturer...

— Et que puis-je à cela, monseigneur?.. ne pas lui donner le droit d'être jaloux... soit; mais parce que mon cœur n'appartiendra à personne, lui appartiendra-t-il davantage? Il sait que non. Depuis l'affreuse scène que je vous ai racontée, nous vivons séparés; mais aux yeux du monde j'ai pour lui les égards que les convenances commandent... et je n'ai dit à personne, si ce n'est à vous, monseigneur, un mot de ce fatal secret.

— Et je vous assure, madame, que si le

service que je vous ai rendu méritait une récompense, je me croirais mille fois payé par votre confiance. Mais puisque vous voulez bien me demander mes conseils, et que vous me permettez de vous parler franchement...

— Oh! je vous en supplie, monseigneur...

— Laissez-moi vous dire que, faute de bien employer une de vos plus précieuses qualités... vous perdez de grandes jouissances qui non-seulement satisferaient aux besoins de votre cœur, mais vous distrairaient de vos chagrins domestiques, et répondraient encore à ce besoin d'émotions vives, poignantes, et j'oserais presque ajouter (pardonnez-moi ma mauvaise opinion des femmes) à ce goût naturel pour le mystère et pour l'intrigue qui a tant d'empire sur elles.

— Que voulez-vous dire, monseigneur?

— Je veux dire que, si vous vouliez *vous amuser* à faire le bien, rien ne vous plairait, rien ne vous intéresserait davantage.

Madame d'Harville regarda Rodolphe avec étonnement.

— Et vous comprenez — reprit-il — que je ne vous parle pas d'envoyer avec insouciance, presque avec dédain, une riche aumône à des malheureux que vous ne connaissez pas, et qui souvent ne méritent pas vos bienfaits. Mais si vous vous *amusiez* comme moi à *jouer* de temps à autre *à la Providence*, vous avoueriez que certaines *bonnes œuvres* ont quelquefois tout le piquant d'un roman.

— Je n'avais jamais songé, monseigneur, à cette manière d'envisager la charité sous le point de vue... *amusant* — dit Clémence en souriant à son tour.

— C'est une découverte que j'ai due à mon horreur de tout ce qui est ennuyeux; horreur qui m'a été surtout inspirée par mes conférences politiques avec mes ministres. Mais pour en revenir à notre bienfaisance *amusante*, je n'ai pas, hélas! la vertu de ces gens désintéressés qui confient à d'autres le soin de placer leurs aumônes. S'il s'agissait simplement d'envoyer un de mes chambellans porter quelques centaines de louis à chaque arrondissement de Paris, j'avoue à ma honte que je ne prendrais pas grand goût à la chose; tandis que faire le bien comme je l'entends, c'est ce qu'il y a au monde de plus *amusant*. Je tiens à ce mot, parce que pour moi il dit tout... ce qui plaît, tout ce qui charme, tout ce qui attache... Et vraiment, madame, si vous vouliez devenir ma complice dans quelques *ténébreuses intrigues* de ce genre, vous verriez, je vous le répète, qu'à part même la noblesse de l'action, rien n'est souvent plus curieux, plus attachant, plus attrayant... quelquefois même plus divertissant, que ces aventures charitables... Et puis, que de mystères pour cacher son bienfait!.... que de précautions à prendre pour n'être pas connu!... que d'émotions diverses et puissantes... à la vue de pauvres et bonnes gens qui pleurent de joie en vous voyant!... Mon Dieu! cela vaut autant quelquefois que la figure maussade d'un amant jaloux ou infidèle, et ils ne sont guère que cela... tour à tour... Tenez! les émotions dont je vous parle sont à peu près celles que vous avez ressenties ce matin en allant rue du Temple... Vêtue bien simplement pour n'être pas remarquée, vous sortiriez aussi de chez vous le cœur palpitant, vous monteriez aussi tout inquiète dans un modeste fiacre dont vous baisseriez les stores pour ne pas être vue, et puis, jetant aussi les yeux de côté et d'autre de crainte d'être surprise, vous entreriez furtivement dans quelque maison de misérable apparence... tout comme ce matin, vous disje... La seule différence, c'est que vous vous disiez : Si l'on me découvre, je suis perdue ; et que vous vous diriez : Si l'on me découvre, je serai bénie! Mais, comme vous avez la modestie de vos adorables qualités... vous emploierez les ruses les plus perfides, les plus diaboliques... pour n'être pas bénie.

— Ah! monseigneur — s'écria madame d'Harville avec attendrissement — vous me sauvez!... Je ne puis vous exprimer les nouvelles idées, les consolantes espérances que vos paroles éveillent en moi. Vous dites bien vrai... occuper son cœur et son esprit à se faire adorer de ceux qui souffrent, c'est presque aimer... Que dis-je?... c'est mieux qu'aimer... Quand je compare l'existence que j'entrevois à celle qu'une honteuse erreur m'aurait faite, les reproches que je m'adresse deviennent plus amers encore...

— J'en serais désolé — reprit Rodolphe en souriant — car tout mon désir serait de vous aider à oublier le passé, et de vous prouver seulement que le choix des distractions de cœur est nombreux... Les *moyens* du bien et du mal sont souvent à peu près les mêmes... la *fin* seul diffère... En un mot... si le bien est aussi attrayant, aussi *amusant* que le mal, pourquoi préférer celui-ci? Tenez, je vais faire une comparaison bien vulgaire. Pourquoi beaucoup de femmes prennent-elles pour amants des hommes qui ne valent pas leurs maris?... Parce que le plus grand charme de l'amour est l'attrait affriandant du fruit défendu... Avouez que, si on retranchait de cet amour les craintes, les angoisses, les difficultés, les mystères, les dangers, il ne resterait rien, ou peu de chose, c'est-à-dire l'amant... dans sa simplicité première; en un mot, ce serait toujours plus ou moins l'aventure de cet homme à qui l'on disait : — « Pourquoi n'épousez-vous donc pas cette veuve, votre maîtresse? — Hélas! j'y ai bien pensé — répondait-il — mais c'est qu'alors je ne saurais plus où aller passer mes soirées. »

— C'est un peu trop vrai, monseigneur — dit madame d'Harville en souriant.

— Eh bien ! si je trouve le moyen de vous faire ressentir ces craintes, ces angoisses, ces inquiétudes qui vous affriandent; si j'utilise votre goût naturel pour le mystère et pour les aventures, votre penchant à la dissimulation et à la ruse (toujours mon exécrable opinion des femmes, vous voyez, qui perce malgré moi !)—ajouta gaiement Rodolphe—ne changerai-je pas en qualités généreuses des instincts impérieux, inexorables ; excellents si on les emploie bien, funestes si on les emploie mal?... Voyons, dites, voulez-vous que nous ourdissions à nous deux toutes sortes de machinations bienfaisantes, de roueries charitables, dont seront victimes, comme toujours, de très-bonnes gens ? Nous aurions nos rendez-vous, notre correspondance... nos secrets; et surtout nous nous cacherions bien du marquis; car votre visite de ce matin chez les Morel l'aura mis bien en éveil. Enfin, si vous le vouliez, nous serions... en intrigue réglée.

— J'accepte avec joie, avec reconnaissance, cette association *ténébreuse*, monseigneur — dit gaiement Clémence.—Et, pour commencer notre roman, je retournerai dès demain chez ces infortunés, auxquels ce matin je n'ai pu malheureusement apporter que quelques paroles de consolation ; car, profitant de mon trouble et de mon effroi, un petit garçon boiteux m'a volé la bourse que vous m'aviez remise... Ah ! monseigneur—ajouta Clémence, et sa physionomie perdit l'expression de douce gaieté qui l'avait un moment animée—si vous saviez quelle misère !.. quel horrible tableau !... Non... non... je ne croyais pas qu'il pût exister de telles infortunes !... Et je me plains !... et j'accuse ma destinée !...

Rodolphe, ne voulant pas laisser voir à madame d'Harville combien il était touché de ce retour sur elle-même, qui prouvait la beauté de son âme, reprit gaiement :

— Si vous le permettez, j'excepterai les Morel de notre communauté ; vous me laisserez me charger de ces pauvres gens, et vous me promettrez surtout de ne pas retourner dans cette triste maison... car j'y demeure...

— Vous, monseigneur ?... quelle plaisanterie !...

— Rien de plus sérieux... un logement modeste, il est vrai... deux cents francs par an ;

de plus, six francs pour mon ménage libéralement accordés chaque mois à la portière, madame Pipelet, cette horrible vieille que vous savez ; ajoutez à cela que j'ai pour voisine la plus jolie grisette du quartier du Temple, mademoiselle Rigolette ; et vous conviendrez que pour un commis-marchand qui gagne dix-huit cents francs (je passe pour un commis) c'est assez sortable...

— Votre présence... si inespérée dans cette fatale maison, me prouve que vous parlez sérieusement, monseigneur... quelque généreuse action vous attire là sans doute. Mais pour quelle bonne œuvre me réservez-vous donc ? quel sera le rôle que vous me destinez ?

— Celui d'un ange de consolation, et, passez-moi ce vilain mot, d'un démon de finesse et de ruse... car il y a certaines blessures délicates et douloureuses que la main d'une femme peut seule soigner et guérir ; il est aussi des infortunes si fières, si ombrageuses, si cachées, qu'il faut une rare pénétration pour les découvrir et un charme irrésistible pour attirer leur confiance.

— Et quand pourrai-je déployer cette pénétration, cette habileté que vous me supposez ? — demanda impatiemment madame d'Harville.

— Bientôt, je l'espère, vous aurez à faire une conquête digne de vous ; mais il faudra employer vos ressources les plus machiavéliques.

— Et quel jour, monseigneur, me confierez-vous ce grand secret ?

— Voyez... nous voilà déjà aux rendez-vous... Pouvez-vous me faire la grâce de me recevoir dans quatre jours ?

— Si tard !... — dit naïvement Clémence.

— Et le mystère ? et les convenances ? Jugez donc ! si l'on nous croyait complices, on se défierait de nous ; mais j'aurai peut-être à vous écrire... Quelle est cette femme âgée qui m'a apporté ce soir votre lettre ?

— Une ancienne femme de chambre de ma mère : la sûreté, la discrétion même.

— C'est donc à elle que j'adresserai mes lettres, elle vous les remettra. Si vous avez la bonté de me répondre, écrivez : *A monsieur Rodolphe, rue Plumet.* Votre femme de chambre mettra vos lettres à la poste.

—Je les mettrai moi-même, monseigneur, en faisant comme d'habitude ma promenade à pied...

—Vous sortez souvent seule et à pied?

—Quand il fait beau, presque chaque jour.

— A merveille! C'est une habitude que toutes les femmes devraient prendre dès les premiers mois de leur mariage... Dans de bonnes... ou dans de mauvaises prévisions... l'usage existe..... C'est un *précédent*, comme disent les procureurs; et plus tard ces promenades habituelles ne donnent jamais lieu à des interprétations dangereuses... Si j'avais été femme (et entre nous j'aurais été, je le crains, à la fois très-charitable et très-légère), le lendemain de mon mariage, j'aurais pris le plus innocemment du monde les allures les plus mystérieuses... Je me serais ingénûment enveloppée des apparences les plus compromettantes... toujours pour établir ce *précédent* que j'ai dit, afin de pouvoir un jour rendre visite à mes pauvres... ou à mon amant.

—Mais voilà qui est d'une affreuse perfidie,

monseigneur! — dit en souriant madame d'Harville.

—Heureusement pour vous, madame, vous n'avez jamais été à même de comprendre la sagesse et l'utilité de ces prévoyances-là...

Madame d'Harville ne sourit plus; elle baissa les yeux, rougit et dit tristement :

— Vous n'êtes pas généreux, monseigneur!...

D'abord Rodolphe regarda la marquise avec étonnement, puis il reprit :

— Je vous comprends, madame... Mais une fois pour toutes, posons bien nettement votre position à l'égard de M. Charles Robert. Un jour, une femme de vos amies vous montre un de ces mendiants piteux qui roulent des yeux languissants, et jouent de la clarinette d'un ton désespéré pour apitoyer les passants. C'est un *bon pauvre* — vous dit votre amie, il a au moins sept enfants et une femme aveugle, sourde, muette, etc., etc... — Ah! le malheureux! — dites-vous en lui faisant charitablement l'aumône; et chaque fois que vous rencontrez le mendiant, du plus loin qu'il vous aperçoit ses yeux implorent, sa clarinette rend des sons lamentables, et votre aumône tombe dans son bissac. Un jour, de plus en plus apitoyée sur ce *bon pauvre* par votre amie, qui méchamment abusait de votre cœur, vous vous résignez à aller charitablement visiter votre infortuné au milieu de ses misères... Vous arrivez: hélas! plus de clarinette mélancolique, plus de regard piteux et implorant... mais un drôle alerte, jovial et dispos, qui entonne une chanson de cabaret... Aussitôt le mépris succède à la pitié... car vous avez pris un *mauvais pauvre* pour un *bon pauvre*, rien de plus, rien de moins. Est-ce vrai?

Madame d'Harville ne put s'empêcher de sourire de ce singulier apologue, et répondit à Rodolphe:

— Si acceptable que soit cette justification, monseigneur, elle me semble trop facile.

— Ce n'est pourtant, après tout, qu'une noble et généreuse imprudence que vous avez commise... Il vous reste trop de moyens de la réparer pour la regretter... Mais ne verrai-je pas ce soir M. d'Harville?

— Non, monseigneur... la scène de ce

matin l'a si fort affecté, qu'il est... souffrant — dit la marquise à voix basse.

— Ah! je comprends... — répondit tristement Rodolphe. — Allons, du courage!... Il manquait un but à votre vie, une distraction à vos chagrins, comme vous disiez... Laissez-moi croire que vous trouverez cette distraction dans l'avenir dont je vous ai parlé... Alors votre âme sera si remplie de douces consolations, que votre ressentiment contre votre mari n'y trouvera peut-être plus de place. Vous éprouverez pour lui quelque chose de l'intérêt que vous portez à votre pauvre enfant... Et quant à ce petit ange, maintenant que je sais la cause de son état maladif, j'oserais presque vous dire d'espérer un peu...

— Il serait possible! monseigneur? et comment? — s'écria Clémentine en joignant les mains avec reconnaissance.

— J'ai pour médecin ordinaire un homme très-inconnu et fort savant : il est resté longtemps en Amérique; je me souviens qu'il m'a parlé de deux ou trois cures presque merveilleuses faites par lui sur des esclaves atteints de cette effrayante maladie.

— Ah! monseigneur, il serait possible!...

— Gardez-vous bien de trop espérer : la déception serait trop cruelle... Seulement ne désespérons pas tout à fait...

Clémence d'Harville jetait sur les nobles traits de Rodolphe un regard de reconnaissance ineffable... C'était presque un roi... qui la consolait avec tant d'intelligence, de grâce et de bonté.

Elle se demanda comment elle avait pu s'intéresser à M. Charles Robert.

Cette idée lui fut horrible.

— Que ne vous dois-je pas, monseigneur! — dit-elle d'une voix émue. — Vous me rassurez, vous me faites malgré moi espérer pour ma fille, entrevoir un nouvel avenir qui serait à la fois une consolation, un plaisir et un mérite... N'avais-je pas raison de vous écrire que, si vous vouliez bien venir ici ce soir, vous finiriez la journée comme vous l'avez commencée... par une bonne action?...

— Et ajoutez au moins, madame, une de ces bonnes actions comme je les aime dans mon égoïsme... pleines d'attraits, de plaisir et de charme — dit Rodolphe en se levant, car onze heures et demie venaient de sonner à la pendule du salon.

— Adieu, monseigneur, n'oubliez pas de me donner bientôt des nouvelles de ces pauvres gens de la rue du Temple.

— Je les verrai demain matin ...car j'ignorais malheureusement que ce petit boiteux vous eût volé cette bourse... et ces malheureux sont peut-être dans une extrémité terrible. Dans quatre jours, daignez ne pas l'oublier, je viendrai vous mettre au courant du rôle que vous voulez bien accepter... Seulement je dois vous prévenir qu'un déguisement vous sera peut-être indispensable.

— Un déguisement! oh! quel bonheur! et lequel, monseigneur?

— Je ne puis vous le dire encore... Je vous laisserai le choix.

. . . .

En revenant chez lui, le prince s'applaudissait assez de l'effet général de son entretien avec madame d'Harville. Ces propositions étant données :

Occuper généreusement l'esprit et le cœur de cette jeune femme, qu'un éloignement insurmontable séparait de son mari; éveiller en elle assez de curiosité romanesque, assez d'intérêt mystérieux *en dehors* de l'amour, pour satisfaire aux besoins de son imagination, de son âme, et la sauvegarder ainsi d'un nouvel amour;

Ou bien encore :

Inspirer à Clémence d'Harville une passion si profonde, si incurable, et à la fois si pure et si noble, que cette jeune femme, désormais incapable d'éprouver un amour moins élevé, ne compromette plus jamais le repos de M. d'Harville, que Rodolphe aimait comme un frère.

CHAPITRE IV.

MISÈRE.

On n'a peut-être pas oublié qu'une famille malheureuse dont le chef, ouvrier lapidaire, se nommait Morel, occupait la mansarde de la maison de la rue du Temple.

Nous conduirons le lecteur dans ce triste logis.

Il est cinq heures du matin.

Au dehors le silence est profond, la nuit noire, glaciale, il neige.

Une chandelle, soutenue par deux brins de bois sur une petite planche carrée, perce à peine de sa lueur jaune et blafarde les ténèbres de la mansarde; réduit étroit, bas, aux deux tiers lambrissé par la pente rapide du toit qui forme avec le plancher un angle très-aigu. Partout on voit le dessous des tuiles verdâtres.

Les cloisons recrépies de plâtre noirci par le temps, et crevassées de nombreuses lézardes, laissent apercevoir les lattes vermoulues qui forment ces minces parois ; dans l'une d'elles, une porte disjointe s'ouvre sur l'escalier.

Le sol, d'une couleur sans nom, infect, gluant, est semé çà et là de brins de paille pourrie, de haillons sordides, et de ces gros os que le pauvre achète aux plus infimes revendeurs de viande corrompue pour ronger les cartilages qui y adhèrent encore... (1).

Une si effroyable incurie annonce toujours ou l'inconduite, ou une misère honnête; mais si écrasante, si désespérée, que l'homme anéanti, dégradé, ne sent plus ni la volonté, ni la force, ni le besoin de sortir de sa fange : il y croupit comme une bête dans sa tanière.

Durant le jour, ce taudis est éclairé par une

(1) On trouve fréquemment dans les quartiers populeux des débitants de veaux mort-nés, de bestiaux morts de maladie, etc.

lucarne étroite, oblongue, pratiquée dans la partie déclive de la toiture, et garnie d'un châssis vitré, qui s'ouvre et se ferme au moyen d'une crémaillère.

A l'heure dont nous parlons, une couche épaisse de neige recouvrait cette lucarne.

La chandelle, posée à peu près au centre de la mansarde, sur l'établi du lapidaire, projette en cet endroit une sorte de zône de pâle lumière qui, se dégradant peu à peu, se perd dans l'ombre où reste enseveli le galetas, ombre au milieu de laquelle se dessinent vaguement quelques formes blanchâtres.

Sur l'établi, lourde table carrée en chêne brut grossièrement équarri, tachée de graisse et de suif, fourmillent, étincellent, scintillent une *poignée* de diamants et de rubis d'une grosseur et d'un éclat admirables.

Morel était lapidaire *en fin*, et non pas *lapidaire en faux*, comme il le disait, et comme on le pensait dans la maison de la rue du Temple... Grâce à cet innocent mensonge, les pierreries qu'on lui confiait semblaient de si peu de valeur, qu'il pouvait les garder chez lui sans crainte d'être volé.

Tant de richesses, mises à la merci de tant de misère, nous dispensent de parler de la probité de Morel...

Assis sur un escabeau sans dossier, vaincu par la fatigue, par le froid, par le sommeil, après une longue nuit d'hiver passée à travailler, le lapidaire a laissé tomber sur son établi sa tête appesantie, ses bras engourdis; son front s'appuie à une large meule, placée horizontalement sur la table, et ordinairement mise en mouvement par une petite roue à main; une scie de fin acier, quelques autres outils sont épars à côté; l'artisan, dont on ne voit que le crâne chauve, entouré de cheveux gris, est vêtu d'une vieille veste de tricot brun qu'il porte à nu sur la peau, et d'un mauvais pantalon de toile; ses chaussons de lisière en lambeaux cachent à peine ses pieds bleuis posés sur le carreau.

Il fait dans cette mansarde un froid si glacial, si pénétrant, que l'artisan, malgré l'espèce de somnolence où le plonge l'épuisement de ses forces, frissonne parfois de tout son corps.

La longueur et la carbonisation de la mèche de la chandelle annoncent que Morel sommeille depuis quelque temps ; on n'entend que sa respiration oppressée ; car les six autres habitants de cette mansarde... ne dorment pas...

Oui, dans cette étroite mansarde vivent sept personnes...

Cinq enfants, dont le plus jeune a quatre ans... le plus âgé, douze ans à peine...

Et puis leur mère infirme...

Et puis une octogénaire idiote... la mère de leur mère.

La froidure est bien âpre, puisque la chaleur naturelle de sept personnes entassées dans un si petit espace n'attiédit pas cette atmosphère glacée ; c'est qu'aussi ces corps frêles, chétifs, grelottants, épuisés, depuis le petit enfant jusqu'à l'aïeule... *dégagent peu de calorique,* comme dirait un savant.

Excepté le père de famille, un moment assoupi, parce que ses forces sont à bout, personne ne dort ; non, parce que le froid, la faim, la maladie tiennent les yeux ouverts... bien ouverts.

On ne sait pas combien est rare et précieux pour le pauvre le sommeil profond, salutaire, dans lequel il répare ses forces et oublie ses maux. Il s'éveille si allègre, si dispos, si vaillant au plus rude labeur, après une de ces nuits bienfaisantes, que les moins religieux, dans le sens catholique du mot, éprouvent un vague sentiment de gratitude, sinon envers Dieu, du moins envers... le sommeil, et qui bénit l'effet bénit la cause.

A l'aspect de l'effrayante misère de cet artisan, comparée à la valeur des pierreries qu'on lui confie, on est frappé d'un de ces contrastes qui, tout à la fois, désolent et élèvent l'âme.

Incessamment cet homme a sous les yeux le déchirant spectacle des douleurs des siens; tout les accable, depuis la faim jusqu'à la folie, et il respecte ces pierreries, dont une seule arracherait sa femme, ses enfants, aux privations qui les tuent lentement.

Sans doute il fait son devoir... simplement son devoir d'honnête homme; mais parce que ce devoir est simple, son accomplissement est-il moins grand, moins beau? Les conditions dans lesquelles s'exerce le devoir ne peuvent-elles pas d'ailleurs en rendre la pratique plus méritoire encore?

Et puis cet artisan, restant si malheureux et si probe auprès de ce trésor, ne représente-t-il pas l'immense et formidable majorité des hommes qui, voués à jamais aux privations, mais paisibles, laborieux, résignés, voient chaque jour sans haine et sans envie amère... resplendir à leurs yeux la magnificence des riches?

N'est-il pas enfin noble, consolant de songer que ce n'est pas la force, que ce n'est pas la terreur, mais le bon sens moral qui seul contient ce redoutable océan populaire dont le débordement pourrait engloutir la société tout entière, se jouant de ses lois, de sa puissance, comme la mer en furie se joue des digues et des remparts!

Ne sympathise-t-on pas alors de toutes les forces de son âme et de son esprit avec ces généreuses intelligences qui demandent *un peu de place au soleil* pour tant d'infortune, tant de courage, tant de résignation!

. . . .

Revenons à ce spécimen, hélas! trop réel, d'épouvantable misère que nous essaierons de peindre dans son effrayante nudité.

Le lapidaire ne possédait plus qu'un mince matelas et un morceau de couverture dévolus à la grand'mère idiote, qui, dans son stupide et farouche égoïsme, ne voulait partager son grabat avec personne.

Au commencement de l'hiver, elle était devenue furieuse, et avait presque étouffé le plus jeune des enfants qu'on avait voulu placer à côté d'elle... une petite fille de quatre ans, depuis quelque temps phthisique, et qui souffrait trop du froid *dans* la paillasse où elle couchait avec ses frères et sœurs.

Tout à l'heure nous expliquerons ce mode de *couchage*, fréquemment usité chez les pauvres.... Auprès d'eux, les animaux sont traités en Sybarites : on change leur litière.

Tel est le tableau complet que présente la mansarde de l'artisan, lorsque l'œil perce la pénombre où viennent mourir les faibles lueurs de la chandelle.

Le long du mur d'appui, moins humide que les autres cloisons, est placé sur le carreau le matelas où repose la vieille idiote.

Comme elle ne peut rien supporter sur sa tête, ses cheveux blancs, coupés très-ras, dessinent la forme de son crâne au front aplati; ses épais sourcils gris ombragent ses orbites profonds où luit un regard d'un éclat sauvage; ses joues caves, livides, plissées de mille rides, se collent à ses pommettes et aux angles saillants de sa mâchoire; couchée sur le côté, repliée sur elle-même, son menton touchant presque ses genoux, elle tremble sous une couverture de laine grise, trop petite pour l'envelopper entièrement, et qui laisse apercevoir ses jambes décharnées et le bas d'un vieux jupon en lambeaux dont elle est vêtue... Ce grabat exhale une odeur fétide...

A peu de distance du chevet de la grand'mère s'étend aussi, parallèlement au mur, la paillasse qui sert de lit aux cinq enfants.

Et voici comment :

On a fait une incision à chaque bout de la toile, dans le sens de sa largeur, puis on a glissé les enfants dans une paille humide et nauséabonde ; la toile d'enveloppe leur sert ainsi de drap et de couverture.

Deux petites filles, dont l'une est gravement malade, grelottent d'un côté, trois petits garçons de l'autre.

Ceux-ci et celles-là couchés tout vêtus, si quelques misérables haillons peuvent s'appeler des vêtements.

D'épaisses chevelures blondes, ternes, emmêlées, hérissées, que leur mère laisse croître parce que cela les garantit toujours un peu du froid, couvrent à demi leurs figures pâles, étiolées, souffrantes. L'un des garçons, de ses doigts roidis, tire à soi jusqu'à son menton l'enveloppe de la paillasse pour se mieux couvrir ;... l'autre, de crainte d'exposer ses mains au froid, tient la toile entre ses dents qui se choquent ; le troisième se serre contre ses deux frères.

La seconde des deux filles... minée par la phthisie, appuie languissamment sa pauvre petite figure, déjà d'une lividité bleuâtre et morbide, sur la poitrine glacée de sa sœur, âgée de cinq ans... qui tâche en vain de la réchauffer entre ses bras et la veille avec une sollicitude inquiète...

Sur une autre paillasse, placée au fond du taudis et en retour de celle des enfants, la femme de l'artisan est étendue gisante, épuisée par une fièvre lente et par une infirmité douloureuse qui ne lui permet pas de se lever depuis plusieurs mois.

Madeleine Morel a trente-six ans. Un vieux mouchoir de cotonnade bleue, serré autour de son front déprimé, fait ressortir davantage encore la pâleur bilieuse de son visage osseux. Un cercle brun cerne ses yeux caves, éteints; des gerçures saignantes fendent ses lèvres blafardes.

Sa physionomie chagrine, abattue, ses traits insignifiants décèlent un de ces caractères doux, mais sans ressort, sans énergie, qui ne luttent pas contre la mauvaise fortune, mais qui se courbent, s'affaissent et se lamentent.

Faible, inerte, bornée, elle était restée honnête parce que son mari était honnête;

livrée à elle-même, le malheur aurait pu la dépraver et la pousser au mal. Elle aimait ses enfants, son mari; mais elle n'avait ni le courage, ni la force de retenir ses plaintes amères sur leur commune infortune. Souvent le lapidaire, dont le labeur opiniâtre soutenait seul cette famille, était forcé d'interrompre son travail pour venir consoler, apaiser la pauvre valétudinaire.

Par-dessus un méchant drap de grosse toile bise trouée qui recouvrait sa femme, Morel, pour la réchauffer, avait étendu quelques hardes si vieilles, si rapetassées, que le prêteur sur gages n'avait pas voulu les prendre.

Un fourneau, un poêlon et une marmite de terre égueulée, deux ou trois tasses fêlées éparses çà et là sur le carreau, un baquet, une planche à savonner, et une grande cruche de grès placée sous l'angle du toit, près de la porte disjointe, que le vent ébranle à chaque instant, voilà ce que possède cette famille.

Ce tableau désolant est éclairé par la chandelle dont la flamme agitée par la bise qui siffle à travers les interstices des tuiles, jette tantôt sur ces misères ses lueurs pâles et vacillantes, tantôt fait scintiller de mille feux, pétiller de mille étincelles prismatiques l'éblouissant fouilli de diamants et de rubis exposés sur l'établi où sommeille le lapidaire.

Par un mouvement d'attention machinal, les yeux de ces infortunés... tous silencieux, tous éveillés depuis l'aïeule jusqu'au plus petit enfant, s'attachaient instinctivement sur le lapidaire, leur seul espoir, leur seule ressource.

Dans leur naïf égoïsme, ils s'inquiétaient de le voir inactif et affaissé sous le poids du travail;

La mère songeait à ses enfants;

Les enfants songeaient à eux;

L'idiote paraissait ne songer à rien...

Pourtant tout à coup elle se dressa sur son séant, croisa sur sa poitrine de squelette ses longs bras secs et jaunes comme du buis, regarda la lumière en clignotant, puis se leva lentement, entraînant après elle comme un suaire son lambeau de couverture.

Elle était de très-grande taille : sa tête rasée

paraissait démesurément petite, un mouvement spasmodique agitait sa lèvre inférieure, épaisse et pendante : ce masque hideux offrait le type d'un hébétement farouche.

L'idiote s'avança sournoisement près de l'établi, comme un enfant qui va commettre un méfait.

Quand elle fut à la portée de la chandelle, elle approcha de la flamme ses deux mains tremblantes ; leur maigreur était telle que la lumière qu'elles abritaient leur donnait une sorte de transparence livide.

Madeleine Morel suivait de son grabat les moindres mouvements de la vieille ; celle-ci, en continuant de se réchauffer à la flamme de la chandelle, baissait la tête et considérait, avec une curiosité imbécile, le chatoiement des rubis et des diamants qui scintillaient sur la table.

Absorbée par cette contemplation, l'idiote ne maintint pas ses mains à une distance suffisante de la flamme, elle se brûla... et poussa un cri rauque.

A ce bruit, Morel se réveilla en sursaut et releva vivement la tête.

Il avait quarante ans, une physionomie ouverte, intelligente et douce, mais flétrie, mais creusée par la misère; une barbe grise de plusieurs semaines couvrait le bas de son visage couturé par la petite vérole; des rides précoces sillonnaient son front déjà chauve; ses paupières enflammées étaient rougies par l'abus des veilles.

Un de ces phénomènes fréquents chez les ouvriers d'une constitution débile, et voués à un travail sédentaire qui les contraint à demeurer tout le jour dans une position presque invariable, avait déformé sa taille chétive... Continuellement forcé de se tenir courbé sur son établi et de se pencher du côté droit, afin de mettre sa meule en mouvement, le lapidaire, pour ainsi dire pétrifié, ossifié dans cette position qu'il gardait douze à quinze heures par jour, s'était voûté et déjeté tout d'un côté.

Puis, son bras droit, incessamment exercé par le pénible maniement de la meule, avait acquis un développement musculaire considérable, tandis que le bras et la main gauches, toujours inertes et appuyés sur l'établi pour présenter les facettes des diamants à l'action de la meule, étaient réduits à un état de maigreur et de marasme effrayant; les jambes grêles, presque annihilées par le manque complet d'exercice, pouvaient à peine soutenir ce corps épuisé dont toute la substance, toute la viabilité, toute la force semblaient s'être concentrées dans la seule partie que le travail exerce continuellement.

Et comme disait Morel avec une poignante résignation :

— C'est moins pour moi que je tiens à manger... que pour renforcer le bras qui tourne la meule...

. . . .

Réveillé en sursaut, le lapidaire se trouva face à face avec l'idiote.

— Qu'avez-vous? que voulez-vous, la mère? — lui dit Morel; puis il ajouta d'une voix plus basse, craignant d'éveiller sa famille qu'il croyait endormie : — Allez vous coucher, la mère... Ne faites pas de bruit, Madeleine et les enfants dorment.

— Je ne dors pas... je tâche de réchauffer Adèle — dit l'aînée des petites filles.

— J'ai trop faim pour dormir — reprit un des garçons; — ça n'était pas mon tour d'aller souper hier comme mes frères chez mademoiselle Rigolette.

— Pauvres enfants! — dit Morel avec accablement — je croyais que vous dormiez... au moins.

— J'avais peur de t'éveiller, Morel — dit la femme; — sans cela je t'aurais demandé de l'eau; j'ai bien soif, je suis dans mon accès de fièvre.

— Tout de suite — répondit l'ouvrier; — seulement il faut que je fasse d'abord recoucher ta mère... Voyons, laissez donc mes pierres tranquilles! — dit-il à la vieille qui voulait s'emparer d'un gros rubis dont le scintillement fixait son attention.

— Allez donc vous coucher, la mère! — répéta-t-il.

— Ça... ça... — répondit l'idiote en montrant la pierre précieuse qu'elle convoitait.

— Nous allons nous fâcher! — dit Morel en grossissant sa voix, pour effrayer sa belle-mère dont il repoussa doucement la main.

— Mon Dieu! mon Dieu! Morel, que j'ai donc soif!... murmura Madeleine. — Viens donc me donner à boire!...

— Mais comment veux-tu que je fasse aussi?... je ne puis pas laisser ta mère toucher à mes pierres... pour qu'elle me perde encore un diamant... comme il y a un an... et Dieu sait... Dieu sait ce qu'il nous coûte... ce diamant... et ce qu'il nous coûtera peut-être encore!

Et le lapidaire porta sa main à son front d'un air sombre; puis il ajouta, en s'adressant à un de ses enfants:

— Félix, va donner à boire à ta mère, puisque tu ne dors pas.

— Non, non, j'attendrai; il va prendre froid — reprit Madeleine.

— Je n'aurai pas plus froid dehors que dans la paillasse — dit l'enfant en se levant.

— Ah çà, voyons, allez-vous finir! — s'écria Morel d'une voix menaçante, pour chasser l'idiote, qui ne voulait pas s'éloigner de l'établi et s'obstinait à s'emparer d'une des pierres.

— Maman, l'eau de la cruche est gelée ! — cria Félix.

— Casse la glace, alors — dit Madeleine.

— Elle est trop épaisse... je ne peux pas.

— Morel, casse donc la glace de la cruche — dit Madeleine d'une voix dolente et impatiente — puisque je n'ai pas autre chose à boire que de l'eau... que j'en puisse boire au moins... tu me laisses mourir de soif...

— Oh! mon Dieu! mon Dieu! quelle patience! Mais comment veux-tu que je fasse?... j'ai ta mère sur les bras... s'écria le malheureux lapidaire.

Il ne pouvait parvenir à se débarrasser de l'idiote qui, commençant à s'irriter de la résistance qu'elle rencontrait, faisait entendre une sorte de grondement courroucé.

— Appelle-la donc — dit Morel à sa femme ; — elle t'écoute quelquefois, toi...

— Ma mère, allez vous coucher ; si vous êtes sage... je vous donnerai du café que vous aimez bien.

— Ça... ça... — reprit l'idiote en cherchant

cette fois à s'emparer violemment du rubis qu'elle convoitait.

Morel la repoussa avec ménagement, mais en vain.

Mon Dieu! tu sais bien que tu n'en finiras pas avec elle, si tu ne lui fais pas peur avec le fouet — s'écria Madeleine ; — il n'y a que ce moyen-là de la faire rester tranquille.

— Il le faut bien ; mais quoiqu'elle soit folle... menacer une vieille femme de coups de fouet..... ça me répugne toujours — dit Morel.

Puis, s'adressant à la vieille qui tâchait de le mordre, et qu'il contenait d'une main, il s'écria de sa voix la plus terrible :

— Gare au fouet!... si vous n'allez pas vous coucher tout de suite!

Ces menaces furent encore vaines.

Il prit un fouet sous son établi, le fit claquer violemment, et en menaça l'idiote, lui disant :

— Couchez-vous tout de suite, couchez-vous!

Au bruit retentissant du fouet, la vieille s'éloigna d'abord brusquement de l'établi ;

puis s'arrêta, gronda entre ses dents et jeta des regards irrités sur son gendre.

— Au lit!... au lit!... — répéta celui-ci en s'avançant et en faisant de nouveau claquer son fouet.

Alors l'idiote regagna lentement sa couche à reculons, en montrant le poing au lapidaire.

Celui-ci, désirant terminer cette scène cruelle pour aller donner à boire à sa femme, s'avança très-près de l'idiote, fit une dernière fois brusquement résonner son fouet, sans la toucher néanmoins et répéta d'une voix menaçante :

— Au lit, tout de suite!...

La vieille, dans son effroi, se mit à pousser des hurlements affreux, se jeta sur sa couche et s'y blottit comme un chien dans son chenil, sans cesser de hurler.

Les enfants épouvantés, croyant que leur père avait frappé la vieille, lui crièrent en pleurant :

— Ne bats pas grand'mère, ne la bats pas!

Il est impossible de rendre l'effet sinistre

de cette scène nocturne, accompagnée des cris suppliants des enfants, des hurlements furieux de l'idiote et des plaintes douloureuses de la femme du lapidaire.

FIN DU TROISIÈME VOLUME.

TABLE DES CHAPITRES.

Chap. Iᵉʳ. Idylle 1
II. Inquiétudes 11
III. L'embuscade 23
IV. Le presbytère 49
V. La rencontre 69
VI. La veillée 81
VII. L'hospitalité 91
VIII. Une ferme-modèle 111
IX. La nuit 134
X. Le rêve 157
XI. La lettre 177
XII. Reconnaissance 185
XIII. La laitière 203
XIV. Consolations 231
XV. Réflexions 237
XVI. Le chemin creux 243

QUATRIÈME PARTIE.

Chap. Iᵉʳ. Clémence d'Harville 255
II. Les aveux 271
III. La charité 327
IV. Misère 353

ŒUVRES COMPLÈTES

DE

M. EUGÈNE SUE.

———⁂———

LES MYSTÈRES DE PARIS.

Ouvrages nouveaux de M. Eugène Sue,

QUI SE TROUVENT A LA MÊME LIBRAIRIE.

LATRÉAUMONT, 2 vol. in-8°.
ARTHUR, 4 vol. in-8°.
DELEYTAR, 2 vol. in-8°.
LE MARQUIS DE LÉTORIÈRE, 1 vol. in-8°.
JEAN CAVALIER, ou LES FANATIQUES DES CÉVENNES, 4 vol. in-8°.
DEUX HISTOIRES : HERCULE-HARDI ET LE COLONEL SURVILLE, 1772—1810, 2 vol. in-8°.
LE COMMANDEUR DE MALTE, histoire maritime du temps de Louis XIII, 2 vol. in-8°.
MATHILDE, MÉMOIRES D'UNE JEUNE FEMME, 6 vol. in-8°.
LE MORNE-AU-DIABLE, 2 volumes in-8°.
THÉRÈSE DUNOYER, 2 vol. in-8°.
LES MYSTÈRES DE PARIS, parties I à IV. 4 vol. in-8°.
PAULA MONTI ou L'HÔTEL LAMBERT, 2 vol. in-8°.

Ouvrages de M. Eugène Sue

FAISANT PARTIE DE LA BIBLIOTHÈQUE D'ÉLITE.

LA SALAMANDRE, 1 vol. in-18, papier jésus vélin.
PLICK ET PLOCK, Nouvelles maritimes, 1 vol. in-18, papier jésus vélin.
ATAR GULL, Nouvelles maritimes, 1 vol. in-18, papier jésus vélin.
ARTHUR, 2 vol. in-18, papier jésus vélin.
LA COUCARATCHA, 2 vol. in-18, papier jésus vélin.
LA VIGIE DE KOAT-VEN, 2 vol. in-18, papier jésus vélin.

Paris. Imprimé par Béthune et Plon.

www.ingramcontent.com/pod-product-compliance
Lightning Source LLC
Chambersburg PA
CBHW060609170426
43201CB00009B/954